2

I

m. 155.

CATALOGUE

DES

GENTILSHOMMES

DE L'ORLÉANAIS

BLAISOIS, BEAUCE ET VENDOMOIS

QUI ONT PRIS PART OU ENVOYÉ LEUR PROCURATION AUX ASSEMBLÉES DE LA NOBLESSE
POUR L'ÉLECTION DES DÉPUTÉS AUX ÉTATS GÉNÉRAUX DE 1789

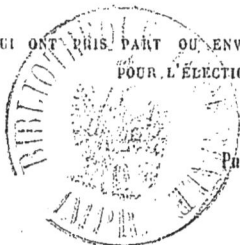

Publié d'après les procès-verbaux officiels

PAR MM.

LOUIS DE LA ROQUE ET **ÉDOUARD DE BARTHÉLEMY**

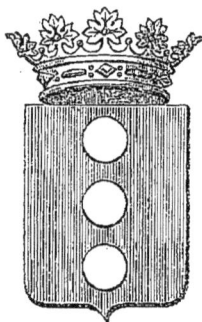

PARIS

E. DENTU, LIBRAIRE
AU PALAIS-ROYAL

AUG. AUBRY, LIBRAIRE
16, RUE DAUPHINE

1864

Le Blaisois, situé entre la Beauce, la Touraine, le Berry et l'Orléanais était un des plus anciens et des plus nobles comtés du royaume. Robert le Fort le possédait en 861. Il passa depuis dans la maison de Thibaud de Champagne. Ses héritiers le vendirent en 1391 à Louis de France, duc d'Orléans, qui fut l'aïeul de Louis XII. Il fut réuni à la couronne par suite de l'avènement de ce prince.

Le pays de Beauce, qu'on appelait autrefois « le Grenier de Paris » à cause de la richesse de sa production en froment, n'a jamais fait une province, et il n'y a jamais eu de Seigneur qui se soit qualifié duc ou comte de Beauce. Le pays Chartrain avec le Dunois et une partie de l'Isle de France et de l'Orléanais composaient la Beauce qui commençait à huit ou dix lieues au nord et à l'ouest de Paris, et s'étendait jusqu'à la Loire. Ses villes principales étaient Chartres, Vendôme, Nogent-le-Roi, Gallardon, Bonneval et Maintenon.

Le Vendômois, situé entre le Perche, le Blaisois, la Touraine et le Maine, avait eu des comtes héréditaires dès le dixième siècle, dont la postérité masculine s'éteignit dans les comtes de la Marche, de la maison de Bourbon ; c'est d'eux que descendait Henri IV. Le Vendomois, érigé en duché par François Ier, fut donné par Henri IV à César de Vendôme, qu'il avait eu de Gabrielle d'Estrées. Louis-Joseph, duc de Vendôme, petit fils de César et de Françoise de Lorraine, épousa Marie-Anne de Bourbon-Condé, il mourut en Catalogne sans postérité, le 10 juin 1712, et le Vendomois fît retour à la couronne.

Paris, le 16 novembre 1864.

CATALOGUE

DES

GENTILSHOMMES DE L'ORLÉANAIS

BLAISOIS, BEAUCE ET VENDOMOIS.

BAILLIAGES DE BLOIS ET ROMORANTIN.

Procès-verbal de nomination des députés de la noblesse.

29-30 mars 1789.

(*Archiv. imp.* B. III, 33, p. 533-537.)

Les 29 et 30 mars 1789 sont comparus, tant pour eux que pour les personnes dont ils sont fondés de pouvoirs, ainsi que le tout est établi dans le procès-verbal de comparution dressé par M. le lieutenant-général du bailliage de Blois, les 18 et 19 mars présent mois (1) :

D'Alès — Pierre-Louis-Hugues, vicomte d'Alès, chevalier novice de l'ordre de Saint-Lazare, Sgr du Corbet.

(1) Nous croyons devoir faire observer qu'un certain nombre de familles nobles ont pu ne pas figurer dans les assemblées de l'Orléanais, etc., pour cause d'absence de maladie ou d'abstention.

La liste que nous publions a été collationnée et corrigée sur le procès-verbal imprimé en 1789 à Blois (*Bibl. Ste-Geneviève*, L. 64, 757). Le procès-verbal de l'Assemblée générale des trois ordres, des 18 et 19 mars, n'existe pas aux Archives de l'Empire ; nous y suppléons par un extrait du *Tableau général de la noblesse des bailliages de Blois et Romorantin en* 1789, publié en 1863 par M. L. de la Saussaye ; on trouvera plus loin les noms des électeurs *représentés*, ou *non comparants*.

Les mentions et qualifications qui suivent le signe — sont empruntées au *Tableau général;* celles qui le précèdent sont seules mentionnées au procès-verbal des Archives de l'Empire.

Le marquis Amelot du Guépéan — René-Michel, marquis Amelot, Sgr du Gué-Péan.

Le chevalier d'Auvergne — Hippolyte d'Auvergne, chevalier de Saint-Louis, Sgr de Chevenet.

Bachod — Sgr de l'Ebat, paroisse de Cheverny.

De Barassy — Charles Girard de Barrassi, conseiller au Grand conseil, rapporteur de France, conseiller honoraire à la Cour des aides de Paris.

Le vicomte de Beauharnois — Alexandre-François-Marie, vicomte de Beauharnois, major en second du régt de la Fère-infanterie, Sgr de la Ferté-Beauharnois.

De Beaurepaire — Anne de Beaurepaire, ancien officier d'artillerie.

Le marquis de Beauxoncles — Jules-Éléonore, marquis de Beauxoncles, Sgr de la chatellenie de Viévy.

Le comte de Beauxoncles — Fidèle-Éléonore-Aymé.

Bégon — Claude-Michel-Jérôme-Étienne, capitaine des vaisseaux du Roi, chevalier de Saint-Louis, Sgr de la Sistière.

De Belet — Michel-Paul-Augustin-Antoine, chevalier, Sgr de la Fontenelle.

Belot de Laleu — Guillaume-Valentin, chevalier, ancien major dans le régt Mestre de camp général, cavalerie, chevalier de Saint-Louis, Sgr de Laleu.

Le chevalier de Berment — Jean-Baptiste-Alexandre, chevalier, ancien chevau-léger de la garde du Roi, capitaine de cavalerie.

Le chevalier Besnard ou Bénard de Saint-Loup — Claude-Nicolas, chevalier, capitaine au régt de Languedoc-infanterie, Sgr de Saint-Loup.

Le chevalier de Billy.

Boësnier — Pierre-Paul, écuyer, Sgr du fief de Laurière.

Boësnier de Clairvanx — Jacques, écuyer.

Boisgueret de la Vallière — Christophe-François de Boisgueret, écuyer, chevalier de Saint-Louis, Sgr de la Vallière et du fief de Villemarsault.

Boisguyon — Gabriel-Nicolas-François de Boisguyon, Sgr de la Jaloyère.

De Boisvilliers — Charles, chevalier, Sgr de la Dixme.

De Boisvilliers — Louis, Sgr du Breuil.

Bongars — de Bongars.

Boutault de Russy — René-Honoré, chevalier, garde de Mgr le comte d'Artois, frère du Roi, Sgr de Russy.

Boutault — Claude-François, écuyer, ancien capitaine au régt Royal-infanterie.

Butel — Louis-François, écuyer, Sgr de Nuisement.

Carré de Villebon — Marc, chevalier, Sgr de la Robinière.

Cellier de Bouville — Jacques-Nicolas-Joseph, Sgr des grand et petit Bouville.

De Chaumont — Pierre-Alexandre, chevalier, ancien capitaine au régt d'Auvergne, chevalier de Saint-Louis, Sgr de la Colombe et de la Touche.

Chevalier — Jean-Baptiste, écuyer, maréchal de camp 1787, ancien gouverneur de Chandernagor, Sgr de Caunan (alias gouverneur des établissements français du Bengale).

Le comte de Cheverny — Bernard-Joseph-Marie-Pierre Dufort, comte de Cheverny, capitaine de dragons au régt de Bourbon, gouverneur de la ville de Romorantin, Sgr du Breuil.

De Chollé — François-Hyacinthe, écuyer, Sgr du fief de Moulins.

Le comte de Chouzy — Jean-Didier-René Mesnard de Chouzy fils, capitaine commandant au régt Royal-cavalerie, gouverneur de la ville de Courtenay.

De Constantin — Charles-Louis, écuyer, ancien capitaine de grenadiers, chevalier de Saint-Louis, Sgr de la Grossinière.

Dautay — Athanase-Bertrand d'Authay, chevalier, capitaine au bataillon de garnison du régt de Bassigny, Sgr des Roches.

Devoré — Jean-Alexandre de Voré, ancien chevau-léger de la garde du Roi, Sgr de la Mérie.

Desprez de la Bourdonnaye — René-François, écuyer, capitaine de cavalerie, lieutenant commandant la maréchaussée du Blésois.

Le comte de Dufort — Jean-Nicolas Dufort de Saint-Leu, comte de Cheverny, introducteur des ambassadeurs, lieutenant général du Roi pour les provinces de Blésois, Dunois, Vendomois et bailliage d'Amboise, Sgr de Cheverny.

Dujuglart — Antoine-François du Juglart, chevalier, officier au régt de Vintimille, Sgr de Roche, le Fresne et Savary.

Le comte d'Espagnac — Jean-Frédéric-Guillaume de Sahuguet d'Amarzit, comte d'Espagnac, mestre de camp de cavalerie, chevalier de Saint-Louis, baron de Lussac, Cormeray, etc.

Fougeroux de Secval — André, ancien capitaine des vaisseaux du Roi, brigadier de ses armées navales, chevalier de Saint-Louis, Sgr de Colliers.

De Français — Philippe-François, chevalier, Sgr de Saray.

France de la Gravière — Jean, écuyer, lieutenant d'infanterie.

Goislard de Moreville — René-Louis-Julien, écuyer, ancien mousquetaire du Roi, Sgr de Villechèze et de Villeneuve.

Goislard de Villebrême — Thomas-Jacques, écuyer, ancien mousquetaire du Roi, Sgr de Biche.

Guérineau de la Mérie — Jean-Pierre-François, écuyer, capitaine au corps royal d'artillerie, Sgr d'Esteauville.

Guérineau des Chenardières — Louis, écuyer, Sgr des Chenardières.

Hay de Sancé — Etienne-Pierre, écuyer.

Le chevalier de Jartraux — André de Martin, chevalier de Jartraux, lieutenant au régt provincial de Châteauroux, Sgr de la Drevaudière.

Laduye — Michel-François-Marie-Louis de la Fon de la Duye, écuyer, ancien capitaine de cavalerie au régt de Berry, Sgr de la Picardière.

De la Houssaye — Alexandre-François Godeau de la Houssaye, écuyer, Sgr d'Entraigues, Vic, Balsême et la Moustière.

La Mollère — Etienne de la Mollère, écuyer, commissaire des guerres, chevalier de Saint-Louis, Sgr de la Perrine, Pruneville, la Jouardière et Grellard.

Lardière — François-César-Jacques de Lardière, écuyer, ancien officier au régt de la Couronne, Sgr d'Andillon et la Bichetière.

La Saussaye de Verrière — Guillaume-François de la Saussaye, écuyer, Sgr de Verrière.

De Launay de Villemessant — Philippe de l'Aunay de Villemessant, chevalier de Saint-Louis.

Le Blois de la Pornerie — Louis le Bloix, écuyer, officier au régt de la Couronne, Sgr de la Pornerie.

Le marquis de l'Enfernat — Louis-Joseph-Gaston, chevalier, Sgr de Marquoy et des Crotteaux.

Le chevalier Lhuillier de la Mardelle — Louis, Sgr du fief de l'Argenterie.

Loger des Touchardières — Pierre-Jean-Henri, écuyer, capitaine au régt des Grenadiers-Royaux.

Mahy d'Argis — Sgr d'Argis.

Mahy du Coudray — Guillaume, écuyer, Sgr du Coudray et des Vaux.

Maréchau de la Chauvinière — Alexandre, chevalier, ancien capitaine commandant au régt Royal-infanterie, chevalier de Saint-Louis.

Masson de Vernou — Jean-Antoine, conseiller au parlement de Paris, Sgr de la Borde Vernou.

De Maupas — Bernard-Gabriel Herry de Maupas, chevalier, ancien major de dragons, lieutenant pour le roi de la ville de Blois, chevalier de Saint-Louis, Sgr du Moulin-Neuf.

Le marquis de Meaussé — Jean-David, chevalier de Saint-Louis, Sgr d'Aulnay.

Le vicomte de Meaussé de la Rainville — François-Louis-Hubert, capitaine au régt de Navarre, chevalier de Saint-Lazare, Sgr de la Rainville.

Le chevalier Menjot — Paul-Philippe-Antoine de Menjot, chevalier, Sgr de Beauvais.

De Montgiron — Louis-Etienne Languedoue de Montgiron, Sgr de Montgiron.

O'Donnell — Jacques-Bruno, chevalier, Sgr de Corbrandes.

Pasquet de la Revanchère — Jean-Mathieu, chevalier de Saint-Louis, Sgr de la Revanchère et Jardienat.

Pestre, comte de Senesse et Tuonhou — Joseph-François-Xavier de Pestre, comte de Senef, baron de la Ferté-Breviande, Sgr de Réty et Caillemont.

Petit de la Rhodière — François, écuyer, conseiller du Roi, maître honoraire en sa chambre des comptes de Blois.

Petit du Motheux — Claude-Louis, écuyer, Sgr du Motheux.

Petit de Thoisy — François-Pierre, écuyer.

Phélines — Louis-Jean de Phélines, capitaine au corps royal du génie, chevalier-novice des ordres de N.-D. du Mont-Carmel et de Saint-Lazare, Sgr de Bois-Benard.

Le chevalier de Préville — Charles-Henri, capitaine de dragons.

Le marquis de Prunelé — Jules-Honoré, Sgr de Molitard et Seillac.

Le chevalier de Regnard — Jean-Baptiste, ancien capitaine de cavalerie, maréchal des logis du corps de gendarmerie, sous le titre de gendarmes écossais, chevalier de Saint-Louis.

Le chevalier de Reméon — Christophe de Reméon de Thorigny, ancien capitaine au régt de Brie, chevalier de Saint-Lazare, lieutenant des maréchaux de France à Blois, Sgr de Thorigny.

De Rolland — Charles de Rolland, chevalier, Sgr du Grand Hotel de Coulanges.

Romé — Albert-Marie, marquis de Romé de Vernouillet, brigadier des armées du Roi, lieutenant des maréchaux de France, gouverneur de Rouen et de la citadelle de Chateau-Porcien.

Le comte de Saint-Denis.

De Sallaberry — Charles-Victoire-François Irumberry de Salaberry, chevalier, conseiller du Roi en ses conseils, président en la chambre des comptes de Paris, Sgr de Pezay, Fossé et Saint-Bohaire.

Savarre du Moulin, l'aîné — Michel-Jacques-François, écuyer, Sgr du Moulin de Lassay.

Savarre du Moulin — Pierre, écuyer, garde du corps du Roi.

Texier de Gallery — Alexandre-Augustin, écuyer, ancien capitaine au régt de la Marche-Prince, aujourd'hui Conti, chevalier de Saint-Louis.

Texier de Russy — François-Henri-Pierre, écuyer, Sgr de Russy.

Texier de Santau — Guillaume-François, écuyer.

De Valles d'Amburé — François-Denis-Alexandre, chevalier, ancien chevau-léger de la garde du Roi, Sgr de Saint-Denis les Ponts.

De Valles de Longchamps — Olivier-César, chevalier.

De Vareilles — Jérôme Drouin de Vareilles, écuyer, Sgr de Bouxeuil.

De Vezeaux de Rancogne — Charles-François marquis de Rancougne, chevalier, Sgr d'Herbault en Beauce, et de Landes.

Le chevalier de Villebresme.

Le baron de Wissel — Charles-Augustin, chevalier, ancien capitaine de cavalerie.

De Diziers — Éléonore-Cécile Guyon de Diziers, ancien lieutenant de vaisseau, Sgr de Diziers.

Le chevalier de La Saussaye — François-de-Paule, capitaine d'infanterie commandant de la garnison de Chandernagor, chevalier de Saint-Louis, Sgr de la Chaumelle.

Le baron d'Ornac — Jean-Jacques de la Roque, maréchal de camp.

Le baron de Prunelé (1) — Jules-Henri, chevalier, lieutenant au régt des Gardes.

Hurault, marquis de Saint-Denis, président — Anne-Raoul-Marc, chevalier de Saint-Louis, capitaine au régt de Caraman, Sgr de Saint-Denis-sur-Loire.

Lavoisier, secrétaire — Antoine-Laurent de Lavoisier, écuyer, membre de l'Académie des sciences, Sgr de Freschines, Villefrancœur, la Chapelle Vendomois et châtellenie de Thoizy.

(1) Ces quatre derniers noms, portés sur la liste imprimée en 1789, ont été omis dans la transcription du procès-verbal des Archives, mais ils figurent sur la liste des signataires du *Cahier des Doléances* que l'on trouvera ci-après.

Le cahier des doléances, ou instructions données aux députés de la Noblesse fut signé dans la séance du 29 mars 1789 par les électeurs dont les noms suivent (1).

(Archiv. imp. B. III. 33, p. 521-523.)

Du Juglart.
Le chevalier de Billy.
Petit de Thoisy.
Depestre comte de Senesse et de Tarichon.
Maupas.
Le vicomte Després de la Bour-donnaye.
De Chaumont.
De Barassy.
Le Blois de la Pornerie.
Le chevalier de Berment.
Boisguyon.
De Boisvilliers.
Lardière.
De Beaurepaire.
Guérineau de Lamerie.
Butel.
Bachod.
Petit du Motheux.
Texier de Russy.
De Salaberry.
Odonnele (O'Donnell).
Le marquis de Romé.
La Duye.
Le chevalier Dauvergne.
Dautay.
Le comte de Dufort.
Mahy d'Argy.
Le chevalier de Regnard.
Begon.
De Constantin.
De Vezeaux de Rancongne.
Mahy du Couldray.
Hay de Sancé.
Le marquis de Lenfernat.
De Boisvilliers.
De Roland.
Texier de Gallery.
Boesnier de Clairvaux.

Le chev. L'Huillier de la Mardelle
Languedouë de Montigny.
Le vicomte de Beauharnois.
Maréchau de la Chauvinière.
Le chev. de Benard de Saint-Loup.
Le chevalier de Villebrême.
Cellier de Bouville.
Goislard de Villebresme.
Drouin de Vareilles.
Belot de la Leu.
Devoré.
Goislard de Moreville.
De Valles de Longchamps.
Boesnier.
Le marquis de Méaussé.
Le comte de Beauxoncles.
France de la Gravière.
De Valles d'Ambure.
Masson de Vernon.
Savare du Moulin l'aîné.
Pasquet de la Revanchère.
De Chollé.
Delahoussaye.
Bongars.
Petit de la Rhodière.
Texier de Santan.
Le comte de Chousy.
La Saussaye de Verrière.
De Français.
Le comte de Cheverny.
Phelines des Bois Renards.
Savare-Dumoulin.
Loger de Touchardières.
La baron d'Wissel.
Le marquis Amelot de Guépean.
Boisgueret de la Vallière.
Le chevalier de la Saussaye.
Guerineau des Chenardières.
Le chevalier de Préville.
Le comte Despagnac.

(1) Cette liste a été collationnée et corrigée sur la minute du procès-verbal des Archives de l'Empire, B. a. IV. 11.

Delaunay de Villemessant.
Le comte de Saint-Denis.
De Belet.
Le baron d'Ornac.
Le chevalier de Jartraux.
Carré de Villebon.
Le baron de Prunelé.
Le marquis de Prunelé.

Le vicomte de Meaussé de la Rainville.
Guyon de Diziers.
Le chevalier de Remeon.
Le marquis de Beauxoncles.
Hurault, marquis de Saint-Denis.
président.

Collationné sur la minute, et délivré par moi greffier du bailliage présidial de Blois, soussigné : Le Grand; certifié par Pierre Druillon, écuyer, Sgr d'Andillon, la Fosse et autres lieux, conseiller du Roy, lieutenant-général au bailliage présidial de Blois.

Electeurs de la noblesse représentés dans l'Assemblée générale des trois ordres, des bailliages réunis de Blois et Romorantin, les 18 et 19 mars 1789. (Extrait du procès-verbal manuscrit, et du Tableau général de la noblesse, imprimé à Blois en 1789, publié à Paris en 1863, par M. L. de L. S. (de la Saussaye.) — Auguste Aubry, libraire. Broch. in-8° de 20 pages.)

18-19 mars 1789.

NOMS DES ÉLECTEURS REPRÉSENTÉS.

Louis-Joseph-Charles-Amable d'Albert, duc de Luynes et de Chevreuse, prince de Neufchatel et de Valangin en Suisse, et d'Orange, pair de France, comte de Dunois, baron de Marchenoir et Fréteval.
Demoiselle Geneviève d'Alès, dame de Richeville en Dunois.
Antoine-Pierre-Henri d'Ambrun, chevalier, capitaine commandant au régt Royal-Piémont, cavalerie, Sgr de Mishardouin, la Chapelle, Villemont, les grand et petit Doricy, Herbelay et la Touche Bredière.
Hippolyte d'Auvergne, chevalier, capitaine des invalides, chevalier de Saint-Louis, Sgr de la maison forte de Meusnes.
François-Joseph-Claude de Baudry, écuyer, Sgr de la Blandinière.
François, marquis de Beauharnois, capitaine de dragons, Sgr de Mauvoy.
Christophe-Marie, comte de Beaumont, capitaine au régt Royal-Lorraine.
Paul-Marie-Victoire de Beauvilliers, duc de Saint-Aignan, pair de France, Sgr de Saint-Aignan, Chemery, etc.
Demoiselle de Beauxoncles, dame de Villeromard et Villemont.
Dame veuve Bellanger, dame de Boisguérin et Boisseleau.

Charles-Alexandre de Bernardon, chevalier, Sgr de la Masse ou de la Musse.

Jean-Baptiste-Pierre-Paulin de Bernardon de Bouville, écuyer.

Claude-Antoine de Béziade, marquis d'Avaray, Sgr d'Avaray, le Tertre, Lestiou, Lassay.

François de Bodin, chevalier, Sgr de Boisregnard.

Louis-Joseph de Bodin, chevalier, ancien capitaine d'infanterie, chevalier de Saint-Louis, Sgr des Vaux.

Jean-Baptiste-François de Boisguyon, lieutenant au régt Royal-Comtois, Sgr de Chauchepot.

La dame veuve de Boisguyon, dame de Berthaudier.

Demoiselle de Boisguyon, dame de la Blardière,

Joseph-Augustin de Boixcy ou Boiscy, Sgr de la Chapelle.

Pierre-Guillaume de Bonnafau, chevalier, écuyer ordinaire du Roi, Sgr d'Ouzouer-le-Marché et de Presque.

Jean de Bonnafau, Sgr en partie du Guéret.

La dame de Bonnafau, dame du Bois-Herpin.

S. A. S. mademoiselle Louise-Adélaïde de Bourbon-Condé, princesse du sang, dame marquise de Vatan.

Vincent-Louis de Bourgneuf, chevalier, ancien capitaine d'infanterie, Sgr de Clamecy.

Abel-Philippe de Brunier, chevalier de Saint-Louis, Sgr de Chicheray.

Michel-Louis, comte de Bulioud, Sgr de la Bosse et de Thiau ou Théau.

Paul-Charles Cardin Le Bret, comte de Celles, chevalier, greffier en chef du parlement de Paris, Sgr de Celles-sur-Cher.

Michel-Marc-Antoine de Chabault, écuyer, Sgr des Raderets.

La dame veuve de Charit.

Le comte de Chastulé, Sgr de Chastulé.

La dame veuve de Chaumont, dame de Chaumont et de la Tour.

Charles Chevalier d'Almont, chevalier, Sgr de Thou (garde de la porte du Roi Louis XVI, chevalier de Saint-Louis).

De Chollé, Sgr de Minneray et Boisseleau.

La dame Marie-Louise Colas de Malmusse, veuve de M. Étienne de Brachet, Sgr du Bouchet.

La dame veuve de Cosnes, dame de la Julinerie.

La dame Thaïs-Simone-Pauline de la Cour de Baleroy, veuve de M. Etienne, vicomte de Jaucourt, marquis de Chantome, Sgr de Menainville, ancien colonel du régt de la Marine, ladite dame ayant la garde noble de sa fille mineure, demoiselle Anne-Antoinette-Éléonore de Jaucourt.

René-César, comte de Courtarvel, chevalier, Sgr de Baillou, etc.

La dame Anne-Madelaine-Françoise de Créquy, veuve de M. André Milon de Mesmes, officier au régt des gardes françaises, ayant la garde noble de ses enfants mineurs, Sgrs de la Borde, dame de Gençay.

Claude-Valérien de Crespin, chevalier de Billy, Sgr de Coudes, etc.

Clément Cugnot de l'Epinay, écuyer, Sgr de Motereau et de la Moutonnière.

La dame Claude-Louise-Catherine de Cullon, veuve de M. du Juglart, capitaine de dragons, chevalier de Saint-Louis, Sgr de la Queue.

Daugny de Vue, chevalier de Saint-Louis, Sgr du Bardelet.

Louis-Antoine Desmée, marquis de la Chenaye, grand tranchant et porte cornette blanche de France, chevalier de Saint-Louis, Sgr de Rougemont.

Jérôme Drouin de Vauléart, écuyer, lieutenant de vaisseau, chevalier de Saint-Louis, Sgr d'Azerie.

La dame Marie-Françoise Druillon, veuve de Claude Guérin de Beaumont, chevalier, Sgr de Beaumont, etc.

Pierre de Fauchet du Canet, écuyer, chevalier de Saint-Louis, Sgr du Guéret.

La dame Marie-Anne de Faudoas, veuve de Jean-Louis, marquis de Courtarvel, dame de Lierville.

La dame Catherine-Henriette de Fieubet, veuve de Mathias-Raoul de Gaucourt, maréchal de camp, dame de Beauregard.

Louis-César Fontenay de la Motte, chevalier, Sgr de la Motte.

La dame Gabrielle de Forges de Chateaubrun, veuve de Louis le Chandelier de la Chambre, dame de Chateauvieux.

La dame Marie-Agnès Michelle-Françoise de Foyal de Donnery, veuve de Charles-François de Vezeaux, ancien capitaine au régt Dauphin-cavalerie, Sgr de Rancougne, marquis d'Herbault en Beauce, dame de la Cour Saint-Lubin.

La dame Marie-Charlotte de Gallon, veuve de Charles-François d'Arlanges, ancien lieutenant de dragons, dame du fief de la Chaise.

Jean de Glapion de Beaupré, écuyer, ancien brigadier des gardes du corps du Roi, chevalier de Saint-Louis, Sgr de la Ballerie et Moussières.

Demoiselle Guérin de Beaumont.

Charles-François Guérin de Villiers, Sgr de la Ronsière et de Villeneuve.

La dame veuve de M. Guérineau, dame des Rivaudières et Lancosme.

Maurice-Thomas Guérineau de la Varenne, écuyer, Sgr de la Varenne.

La dame Louise Herry de Maupas, veuve de Jean-François de la Saussaye, chevalier, lieutenant des chasses de la capitainerie de Chambord, et syndic de la noblesse du comté de Blois, comme tutrice de Jean-François de la Saussaye, ancien page du prince de Condé, officier au régiment de Bourbon, dame de la Rabois.

Claude-Jean-Baptiste Huet de Froberville, chevalier, Sgr du Vivier.

Louis-Georges de Johanne de la Carre, marquis de Saumery, chevalier, gouverneur de Chambord, maréchal de camp, Sgr de Saumery.

Paul de Jouffrey, chevalier, ancien capitaine au régt de la Marche, Sgr de la Voute.

Louis-René de la Gueulle, Sgr de Coinces.

Gabriel Lainé de Sainte-Marie, écuyer, Sgr de Villevesque.

Honoré-François de Lambert, écuyer, capitaine au régt Royal-Picardie-Cavalerie, Sgr de Rosay.

Etienne-Philippe de la Mollère, fils, écuyer, ancien chevau léger de la Garde du Roi, Sgr de la Perrine.

Louis de la Motte, chevalier, Sgr du Cormier.

Jean-Baptiste de la Lande, chevalier, ancien capitaine commandant au régt de Chartres, chevalier de Saint-Louis, Sgr de Courmesmes et la Noue.

Mathieu-Pierre de la Ponce, écuyer, commissaire des guerres, honoraire et ancien directeur de l'hôtel des Invalides, chevalier de Saint-Louis, Sgr des Bordes et du Bois-Roger.

La dame Marie-Anne Le Capelain, épouse séparée de biens de Marc-René de Constantin, dame de Langé.

Jacques-Simon Le Clerc, écuyer, conseiller au bailliage présidial d'Orléans, Sgr de Douy.

Jacques-Louis-Guy Le Coigneux, chevalier, marquis de Belabre, Sgr d'Oucques.

Charles-Claude-Augustin Le Large d'Ervau, écuyer, Sgr de la Charmoise.

Michel-Pierre-Auguste Le Noir, chevalier, Sgr de Jouy et du Plessis-Saint-Martin-les-Blois.

Antoine-François-Jacques L'Huillier, écuyer, comme père et gardien de Antoine-Jean-Baptiste l'Huillier, Sgr de Francheville.

Claude-Godefroy L'Huillier de la Noue, écuyer, Sgr de Saray.

Antoine-François-Jacques L'Huillier, Sgr de Touchaillon.

Antoine Lignaud, comte de Lussac, Sgr de Buxeuil.

Pierre-François Loger, écuyer, Sgr des Touchardières et de la Tassière.

Claude de Loynes d'Autroche, chevalier d'honneur au présidial d'Orléans, Sgr d'Autroche.

Adam-François-Melchior Mahy du Plessis, écuyer, ancien auditeur honoraire en la chambre des comptes de Blois, Sgr de l'Aubépin.

Louis-Timothée Mahy, écuyer, ancien maître ordinaire en la Chambre des comptes de Blois, Sgr de Pontchardon.

La dame Claude-Louise Mahy, veuve de César-Nicolas Texier de Russy, ancien leutenant au régt d'Harcourt-Dragons.

Les demoiselles Mahy, dames de la Chenaye.

François-Etienne de Marcenay de Saint-Prix, écuyer, Sgr des Landes et du Coudray, en Dunois.

François-Gabriel Maréchau de Corbeil, chevalier, ancien capitaine au régt Royal-Infanterie, chevalier de Saint-Louis, Sgr de la Chauvinière.

Jean-Alexandre de Martin de l'Aunay, chevalier de Saint-Louis, Sgr de la Carte.

La dame veuve Maupas, dame de la Martinière.

Louis-Charles de Maussabré, ancien mousquetaire du Roi, chevalier de Saint-Lazare, Sgr de la Bussière.

Jean-Isidore de Maussabré, écuyer, capitaine de dragons, chevalier de Saint-Louis, Sgr de la Motte-Guittard.

Louis des Mazières, écuyer, Sgr du Buisson.

Louis-Sulpice des Mazières, écuyer, Sgr du fief de Chambon.

Didier-François-René Mesnard, chevalier, comte de Chouzy, conseiller d'Etat, ministre plénipotentiaire du Roi près le cercle de Franconie, commandeur de la première classe des ordres royaux du Mont Carmel et de Saint-Lazare, Sgr de Chouzy, Pierrefitte et Ouzouër.

Augustin-Pierre-Bernard de Montebise, Sgr de Montault-sur-Loire.

Anne-Léon, duc de Montmorency, premier baron de France, premier baron chrétien, chef des nom et armes de sa maison, prince d'Aigre-mont, baron libre de l'Empire, duc de Moldavie, comte de Gournay, marquis de Seignelay, connétable héréditaire de la province de Normandie, Sgr de Courtalin en Dunois.

Alexandre-Antoine Moreau de Chassy, chevalier, Sgr châtelain de Souesme.

La dame Françoise-Élisabeth Moreau de Brezolles, veuve de Louis de l'Aiglhoust, chevalier, Sgr de Goinville, dame du Fay.

La dame Jeanne-Françoise d'Orival, veuve de Louis-Joseph de Pétigny, écuyer, Sgr de la Touche, dame de la Touche-Hersant.

Pierre-Charles Parseval, comte de Briou, chevalier, Sgr de Briou.

André-Étienne-Armand de Phélines, écuyer, Sgr des Boules-Vallées.

Pierre Pinaud, Sgr de Bonnefonds et de Chenay.

Gabriel Poisson de Malvoisin, écuyer, maréchal de camp, chevalier de Saint-Louis, Sgr d'Autreville, au nom et comme tuteur de son fils mineur Auguste Poisson de Malvoisin, Sgr du marquisat de Ménarne.

Nicolas-Marie-Louis Pommeret, écuyer, Sgr du Chesne et de Mont-boulan.

Le comte de Préaux, Sgr d'Écueillé.

Jean-Claude-Henri de Préville, chevalier, Sgr de Touchenoire.

Joseph de Ramazeul, chevalier, Sgr de la Gaudinière.

Mathurin-Guillaume Recoquillé de Bainville, écuyer, conseiller du Roi en sa cour des monnoies à Paris, Sgr de Fosse-Malitourne.

Denis, chevalier de Saint-Denis, ancien capitaine au régt d'Orléans-infanterie, chevalier de Saint-Louis, Sgr du Plessis.

Le comte de Sourches.

La dame Marie-Adélaïde de Sturm, veuve de Jean-Frédéric, comte Phe-lippeaux d'Herbault, dame d'Herbault en Sologne.

La dame Marguerita Tabèze, veuve de François-Marie Prévôt, écuyer.

La dame Antoinette-Madeleine-Gabrielle de Taillevis, veuve de Claude-Georges Courtin de Clénord, chevalier, Sgr de Clénord, au nom et comme tutrice de ses enfants mineurs.

La dame Anne-Périne de Taragon, épouse non commune en biens de Jean-Jacques de la Rocque, baron d'Ornac, maréchal de camp, dame de la Rainville et Villodon.

Charles-François Tassin de Charsonville, écuyer, conseiller du Roi en tous ses conseils, grand-maître des eaux et forêts d'Orléans, Sgr de Lorges.

Jacques Thabaud de Belair, écuyer, président trésorier de France au bureau des finances de Bourges, Sgr de l'Allemandière.

Henri-François Thibault de la Carte, comte de la Ferté-Sennecterre, colonel du régt du Perche-infanterie, baron de Doulcet et Cigogneaux en Berry, Sgr de Mennetou-sur-Cher.

La dame Marie-Madeleine Trigalet, veuve de Claude de Saint-Denis, chevalier, Sgr du Plessis.

La Dame Élisabeth-Olympe-Louise-Armande-Félicité de Vigier, épouse de M. Agésilas-Joseph de Grossolles, marquis de Flamarens, maréchal de camp, lieutenant-général de Saintonge.

Donatien-Marie-Joseph de Vimeur, vicomte de Rochambeau, colonel du régt Royal-Auvergne, Sgr de Renay et Chêne-Carré.

On donna défaut contre les électeurs ci-après non comparants :

D'Ambrun, Sgr d'un fief à la Chapelle du Noyer.
D'Arlanges, Sgr des Loges et Buissons-Landinières.
D'Authay, comte de Faverolles, Sgr des Roches.
D'Auvergne, Sgr des Coignées.
De Barbançon, Sgr de Marmagne.
De Beaucé, Sgr d'un fief en la paroisse de Bazoche.
Demoiselle de Beauchamps, dame de la Momerie.
De Beaumont de Mézières, propriétaire du fief en la paroisse de Binas.
Berthereau de la Giraudière, Sgr d'un fief en la paroisse de Villeny.
La dame Besnard de Saint-Loup, dame de la Chesnaye.
Le marquis de Béthune, Sgr de Chabris.
Les enfants mineurs de Boisgueret, pour leur fief de la Motte.
De Bonnafau, chevalier de Saint-Louis, Sgr de Cicogné.
Bonneau, Sgr des Caboissières.
Bonneau de Villavrain, Sgr de Villavrain.
La dame de Candé (de Maussion), dame de Candé.
De Champhlé, Sgr d'un fief en la paroisse de Monthou-sur-Cher.
Augustin de Chatillon, Sgr de la Garnerie et des Rousseaux,
Le comte de Chemeau ou Chesneau, Sgr de la Varenne.
Le marquis de Chépy, Sgr de Chépy.
Le marquis de Clermont-Tonnerre, Sgr de Toury et Muides.
Des Coudrais, Sgr de la Poterie.
Le marquis de Courbanton, Sgr de Courbanton.
Le marquis de Crémeaux, Sgr d'un fief en la paroisse d'Ecoman.
De Crespin, Sgr de Billy.
La marquise de Creuzé, dame d'Epiais.
Delpech, Sgr d'un fief en la paroisse de Villeny.
Le comte de Durfort, Sgr de Menneton-sur-Nahon.
De l'Epinière (Gauvignon?) Sgr d'un fief en la paroisse de Villeny.
Des Gats, fils, Sgr de Bastarde.
Le marquis de Guigny, Sgr de la Roche-Bernard.
De la Barre, Sgr de la Barre.
La demoiselle de la Bassonnière, dame de la Noue.
La dame de la Bruère, dame d'un fief à Brieu ou Brielle.
De la Faucherie, Sgr d'un fief à Chateaudun.
De la Grange, Sgr de Monneville.
De la Lande, chevalier, Sgr de Saint-Cyr.
Languedoue de Montgiron, Sgr de Veilleins.
Lanneray (les chanoines et chapitre de l'église des Chartres, Sgrs de).
Le marquis de la Palue, Sgr de Villesavin.
De la Porte, Sgr d'un fief en la paroisse de Lignières.
De la Riffaudière, Sgr de la Riffaudière.
Demoiselle de la Rivière, dame de Douy.
De la Tour du Breuil, Sgr de Guignon.
Demoiselle de la Tour du Breuil, dame de Cornilly.
De la Tour, Sgr de Savonnières.

Le Bol de la Brosse, Sgr d'un fief à Saint-Aubin des Cloyes.

Lestiou (les chanoines et chapitre de la Sainte-Chapelle de Dunois, Sgrs de).

Le Throsne, Sgr de Rocheux.

Hyacinthe L'Huillier, chevalier, ancien garde de la porte du Roi, Sgr de la Mardelle en Berry.

La dame Libot de la Brosse, pour un fief à Saint-Lubin des Cloyes.

Longuet, Sgr de la Motte.

De Luçay, Sgr de Veuil et Villentrois.

De Maussabré de Vignoles, Sgr de la Giboulerie.

De Mayer, Sgr de Brinon.

De Monnot, Sgr de Méans (Louis de Monnot de Mannoy, chevalier, Sgr de Méans et de l'Echeneau, ancien capitaine aide-major au régt de Hainault).

De Nouël de Villemblain, Sgr de la Ribaudière.

D'Orsane, Sgr d'Ouveaux.

La dame d'Orvillette, dame de Moulin.

Louis-Auguste de Paillard de Clermont, Sgr d'un fief en la paroisse de Pouillé.

La demoiselle de Passac, dame de Machefer.

La dame de Péan, dame d'Onzain.

La dame Phélippeaux de Maurepas, dame de la Vrillière.

De Pierrecourt, Sgr de la Ferté-Imbault (le comte de Nonant, marquis de Pierrecourt et de la Ferté-Imbault).

La dame de Plessis-Chatillon de Beaujeu, dame d'Orcheville.

Le marquis de Préaux, Sgr de la Cour de Giez.

Le comte de Préaux, Sgr de la Cour de Giez.

Le baron de Préaux, Sgr de la baronie de la Fouquetière.

Rangeard, Sgr de la Brosse.

Demoiselle de Richemont, dame d'un fief en la paroisse de Prunay.

La dame de Rullecourt, dame de la Gendronnière.

Le comte de Saint-Cyr, Sgr d'un fief en la paroisse de Saint-Lubin.

Le commandeur de Saint-Mars, Sgr de Tremblevif.

De Saint-Maur, Sgr de Brinon.

Saint-Péravy, Sgr de la Couture.

Le comte de Sampagny, Sgr de Villiers.

De Serval, Sgr d'Olonne.

La vicomtesse de Talaru, dame de la Grand Cour.

La demoiselle Thiballier de Chanteloup, dame du Grand Chanteloup.

La demoiselle Thiballier, dame de l'Ecluse.

Thiroux d'Ourville, Sgr de Montigny.

Tourtier de Gittoux ou Gilloux, Sgr de la Lande, pour son fief de Saint-Cyr-Semblençey.

Vallois des Gats, Sgr du Grand-Bois, pour son fief de Marcilly en Gault.

De Vassé, Sgr de Chatillon-en-Dunois.

La dame de Vendelle, dame de la Pommerie.

*Électeurs portés sur le Tableau général et qui ne figurent ni sur la liste
des Archives, ni sur le procès-verbal de l'Assemblée particulière de
la noblesse imprimé à Blois en 1789.*

Jacques-Amable d'Auvergne, lieutenant-colonel de cavalerie, chevalier
de Saint-Louis, Sgr de Chevenet.

Louis-Hilaire du Bouchet, chevalier, comte de Dourches (de Sourches),
chevalier de Saint-Louis.

Charles-Marie de Croy, chevalier, comte de Croy, Sgr d'Écueillé.

Claude-Henry Dudoyen, chanoine-prévôt de Mazangey, Sgr haut-justi-
cier, patron et curé primitif de la paroisse de la Chapelle Vendomoise.

Pierre Duroy, baron d'Hauterive, gentilhomme de nom et d'armes,
ancien mousquetaire du Roi, Sgr de Fontenailles, La Perrine, etc.

Georges-François Gogué de Moussonvillier, ancien sous-brigadier des
gardes du corps, Sgr fondateur de Moussonvillier, à cause de la dame
Rosalie Rémigeault de Montoire, son épouse.

Pierre-Jean Goislard de Villebresme, écuyer, ancien mousquetaire du
Roi, Sgr de Maroville.

Jacques-Marie-Cécile Guyon, chevalier, Sgr de Montlivault, Saint-Dyé,
Maslives, etc.

Demoiselle Marie-Thérèse Hernault de Marmagne, dame de Champ-
lé-Roy.

François-Martin de Lajon, écuyer, capitaine des invalides, Sgr de Lajon,
alias la Jon.

Philippe-Charles Le Gendre de Villemorien, chevalier, Sgr de Luçay.

Jean-Jacques de Loynes d'Auteroche, lieutenant colonel d'infanterie,
lieutenant aux Gardes françaises, chevalier de Saint-Louis, Sgr de
Beaumont.

Louis-Honorat de Mathefélon, chevalier, Sgr de la Cour de Couffy.

Louis, comte de Meaussé de la Rainville, chevalier, lieutenant des maréchaux de France, Sgr de Villebout.

Marie-François Michaux d'Arbouville, prêtre, écuyer, Sgr de Villé.

Christophe Pajot de Marcheval, chevalier, conseiller du Roi en son
conseil d'Etat, Sgr engagiste de la paroisse de Millançay, Sgr de
Marcheval.

Etienne Prévôt de Chantemerle, écuyer, secrétaire du Roi, Sgr de Chantemerle et de Rougemont.

François-Marie Pyvart de Châtulé, Sgr de Châtulé.

Joseph de Regnard, chevalier, lieutenant-colonel d'infanterie, chevalier
de Saint-Louis, Sgr de Rilly, le Plessis et la Pagerie.

François-Valérien de Rodde de Longueville, chevalier, ancien garde de
la Porte, capitaine d'infanterie, chevalier de Saint-Louis, Sgr de Longueville.

Antoine-Marie-Hippolyte, comte de Saint-Chamans, lieutenant général
des armées du Roi, gentilhomme d'honneur de M. le comte d'Artois,
Sgr de Fronville et Villetrun.

Pierre-Louis-Gabriel, bailli de Saint-Marc, chevalier, Sgr de Tremblevif,
Villebrosse, etc.

Joseph Savare, écuyer, Sgr de Beauregard.

Michel-Marc-Antoine de Thabault, écuyer, Sgr des Raderets.

Louis-Marie Pridal Trezim de Cangey, écuyer, Sgr de Cangey.

Philippe Vallois du Vivier, écuyer, Sgr de l'Aunay, Picot et Grand-Lu.

BAILLIAGE DE CHARTRES.

Procès-verbal de l'Assemblée générale des trois ordres (1).

16-21 mars 1789.

(*Archiv. imp.*, B. III. 45 p. 110, 153-183.)

NOBLESSE.

Ambroise-Polycarpe de la Rochefoucauld, duc de Doudeauville, grand d'Espagne de 1re classe, Sgr d'Aix-l'Évêque, pair de Surquet, premier baron du Boulonnois, Sgr baron de Montmirail en Brie, major en second du régt des chasseurs des Trois-Évêchés, bailli capitaine et gouverneur de la ville de Chartres.

Gabriel Alexandre, chevalier Deshaulles, chevalier de Saint-Louis, ancien commandant de bataillon du régt de Béarn.

— Jean-Louis-Antoine Alix, écuyer, Sgr d'Outreville, etc.

Gabriel Anquetin, écuyer, Sgr de Montmireau, capitaine au régt d'Orléans-infanterie.

Jacques-François d'Archambault (Darchambault), chevalier, Sgr en partie de Pussay.

Henri d'Arlanges (Darlanges), chevalier, Sgr des Loges.

— Demoiselle d'Arlanges de la Jolivière;

— Demoiselle d'Arlanges de Grandmaison, dames d'un fief dans la paroisse de Coudray au Perche.

— Jacques-Amable d'Auvergne (Dauvergne), chevalier de Saint-Louis, Sgr du Grand-Verger.

François-Marie d'Avignon (Davignon), écuyer.

François d'Avignon (Davignon), écuyer, Sgr de Javersy.

Cosme de Baillon, chevalier, Sgr de Forges, grand et petit Chanay.

— Jacques-Gabriel-Alexandre Bazin, marquis de Bezons et de Maisons, Sgr de Fresnay-le-Gilmert.

---

(1) L'orthographe des noms de terre et de famille a été revue sur la minute du procès-verbal de l'Assemblée des trois ordres. B. a., IV. 23.

Louis-Claude-Jean de Beaurepaire, chevalier de Saint-Louis.
— Dame Marie-Anne-Marguerite Belet, veuve de Michel Ragoulleau,
  écuyer, Sgr de Guillonville, etc.
— Jean-Frédéric de Bernage, écuyer, Sgr de Saint-Hilier-le-Bois.
Ange-François-Charles Bernard, chevalier, Sgr de Tachainville, etc.
— Dame Louise-Olive-Félicité Bernard, veuve de messire Nicolas-
  Hyacinthe de Montvallat, comte d'Entragues, dame de Saint-
  Prest, la Forte-Maison, Gasville et Emanville.
— Dame Marie-Catherine Billette, veuve de messire Jean-Claude
  Sochon du Brosseron, écuyer, dame de Villers.
Jean-Baptiste-François Boisguyon de Chauchepot, lieutenant au régt
  Royal-Comtois.
— Dame Marie-Louise Bordel de Viantais, veuve de Pierre-
  Guillaume de la Goupillière, dame des fiefs de la Brétèche, le
  Haume, etc.
Hippolyte Boutin, capitaine de dragons.
— Charles-Robert Boutin, conseiller d'État et au Conseil Royal des
  finances, Sgr de la mairie de Berchères-sur-Vesgres.
— Henri-Geoffroy-Cyrus, comte de Briqueville, Sgr de Bouglainval.
Charles-François de Brossard, chevalier, ancien gendarme, Sgr des
  Boussardières.
Élie-Milles-Robert Brouilhet de la Carrière, écuyer, chevalier de Saint-
  Louis, Sgr de la Haye, etc.
— Henri Brouilhet de la Carrière, chevalier ;
— Élie-Charles Brouilhet de la Carrière, chevalier, mineurs, pro-
  priétaires avec leur sœur, épouse de Nicolas-Denis de Caqueray,
  du fief de Chatel (Challet) et de la vicomté de Lesville.
— Dame Anne-Marie-Magdeleine Brouilhet de la Carrière, dame
  de Houssay et de Quemonville, veuve de messire Charles d'Hat-
  tot (Dhallot), chevalier, Sgr de Honville.
Louis-Anne de Bruel, chevalier, Sgr de Chaises.
Joseph, vicomte de Cambis, chevalier, major des vaisseaux du Roi,
  chevalier de Saint-Louis, de N. D. de Mont-Carmel et de Saint-Lazare
  de Jérusalem.
Charles-Marie de Caqueray, chevalier, sous-lieutenant au régt Royal-
  Comtois.
Denis-Nicolas de Caqueray, chevalier, capitaine de cavalerie.
— Mathieu-Marie-François de Carvoisin, chevalier, Sgr de Billan-
  celle, etc.
Boniface-Louis-André, comte de Castellane.
— Michel-Antoine de Challet, écuyer, sieur de l'Ecole, à la Croix
  du Perche.
Pierre-Jean-Baptiste des Corches, ancien officier au régt de Béarn.
— Vincent-Claude-Antoine des Corches, comte de Sainte-Croix, Sgr
  de Pré Saint Evroult.
— Gilles-Henri de Cosne, chevalier, Sgr de Rouvray.
— François-Antoine, baron de Courcy, chevalier, Sgr de Dam-
  pierre-sur-Avre, etc.
Claude-René-César de Courtarvel, Sgr de Pezé, chevalier de Malte.
René-César, comte de Courtarvel, chevalier, Sgr de Soudé.

François de Couturier, Sgr de Sainte-James.

Jacques-François Couturier de Sainte-James, écuyer.

— Marie-Charlotte de Cugnac, majeure, dame d'Imonville.

— Pierre-Augustin Curault, écuyer, Sgr d'Arganson, lieutenant général aux bailliage présidial et Chatelet d'Orléans.

— Jean-David, marquis de Meaucé, Sgr d'Aunay, Plancheville, etc.

Louis-François-Benjamin Delaunay, ancien officier au régt de Limosin, Sgr de Vitry.

Jacques-François Depré (de Pré), chevalier, marquis de Fains, chevalier de Saint-Louis.

— Dame Marguerite-Françoise du Doit, veuve de messire André-Claude de Cosne, chevalier de Saint-Louis, dame de la Julissière.

— Denis-Henri-Etienne du Doyer du Chaulnoy, Sgr de la Porte.

— Nicolas-Charles Dubuisson (du Buisson) de Blainville, Sgr de Blainville, de Saint-Hilaire des Noyers, des bois de Logny, et Chesne du Verger.

— René-Ursin Durand de Pizieux, chevalier, Sgr de Montgrahan.

— Bénigne-Jean Esprit, maître des comptes de Paris, Sgr de Beaulieu.

— Michel Étienne, écuyer, Sgr de Tansonville, Le Haut-Bois, Champré, etc.

— Alexandre-Marc-René Etienne, chevalier, Sgr d'Ogny, Saint-Ouen de Marchefroy, etc.

— Dame Marguerite Fabus, veuve de messire François-Marie Prevot, dame de Chantemesle et des Sgries de l'Oyron (Logron).

Pierre-Denis de Fergeol, marquis de Villers, Sgr de Mormoulin, Chaudon, etc.

Louis-Marie-François de Fesques, marquis de la Rochebousseau, maréchal-de-camp, Sgr d'Eguilly, la Jolie-Herbaut, etc.

— Dame Marie-Françoise de Flandre (Deflandre) de Brunville, dame de Saint-Luperce, Blanville, etc., veuve de messire François-Pierre du Cluzel, chevalier, marquis de Monpipeau, intendant en la généralité de Tours.

— Henri de Fontenay, chevalier, Sgr de Plainville au Perche, etc.

— Demoiselle Angélique-Françoise-Augustine Fournier de la Chataigneraye, mineure émancipée, fille de dame Léonard Le Conte et de Louis-Auguste Fournier de la Chataigneraye.

Charles-François de Gastel, écuyer.

— Jean Gauthier, écuyer, Sgr d'Ecurolles.

— Louis-François-Marie de Giffard, chevalier, Sgr de la Chapelle, Forainvilliers, etc.

Jacques-Armand-François comte de Gogué de Moussonvilliers, chevalier, Sgr de Saint-Cyr, chevalier de Saint-Lazare, Sgr de Chavanne, Challet, en partie, etc.

— Antoine-François Goguyer, chevalier, Sgr de Brichanteau.

— René-Louis-Julien Goislard de Moresville, ancien mousquetaire de la garde du Roi, Sgr de Villechèvre, etc.

— Pierre-Jean Goislard de Villebresme, écuyer, ancien mousquetaire de la garde du Roi, Sgr de Moresville et de l'Aumône.

— Mathieu-François Gouttard de Levesville, écuyer, Sgr de Levesville, Breuil-Pont, etc.

Jacques Grandet, écuyer, Sgr de Vauventriers.

Nicolas Grandet de la Villette, écuyer, Sgr de Senneville, etc.

— Charles-Henri de Granges Puyguion, comte de Surgères.

— Denis-Auguste de Grimoard de Beauvoir, comte du Roure.

Gabriel-Jacques-Nicolas Guéau de Gravelle de Rouvray, chevalier, lieutenant des maréchaux de France, seigneur châtelain de Chauvigny.

— Dame Marie-Henriette-Gabrielle Gueau, veuve de messire Etienne-Noel-Charles-Gérard Brouilhet de la Carrière de Lesville, écuyer, dame du fief de Vovelles.

— Jacques-Philippe-Isaac Gueau de Gravelle de Reverseaux, chevalier, marquis de Reverseaux, Sgr de Beaumont, Montainville, Theuville, Allonne, La Plisse, etc.

— Dominique d'Hariagues, chevalier, Sgr baron d'Auneau.

— Nicolas-Eléonore Honoré, chevalier, conseiller au Grand-Conseil, Sgr de Corton, etc.

Jean-François-Louis comte d'Hozier, chevalier de Saint-Maurice et de Saint-Lazare de Savoye.

— Honoré-François-Pascal-Gedéon de Johanne, chevalier, Sgr de la Ronce.

— Jean-Joseph de la Borde, marquis de la Borde, vidame de Chartres.

— Dame Marie-Geneviève-Bernard de Laborry, veuve de messire Charles-Marc-Antoine de Quincarnon, chevalier, dame de la mairie de Saint-Chéron-les-Chartres.

— Dame Thaïs-Simone-Pauline de la Cour de Basleroy, *alias* Ballelo Roy, veuve de messire Etienne, vicomte de Jaucourt, Sgr de Menainville.

Honoré-François de Lambert, prévôt général de la maréchaussée de l'Orléanais, Sgr des Moulins-Neufs.

Honoré-François de Lambert, chevalier, Sgr de Rosay.

— Dame Marie-Sébastienne-Eléonore de Lamirault, veuve de messire Paul-Augustin du Buisson (Dubuisson), écuyer, dame de Mondonville.

Etienne-Philippe La Molère de Pruneville, ancien chevau-léger de la Garde du Roi, Sgr de la Perrine.

Ambroise-Polycarpe de la Rochefoucauld, duc de Doudeauville, grand d'Espagne de première classe, bailli, capitaine et gouverneur de Chartres, en son nom.

— Jean-François de la Rochefoucauld, vicomte de la Rochefoucauld, maréchal de camp, chevalier des ordres du Roi, comte de Morville, Sgr de Gas, Armenonville, etc.

Augustin-Edme-Louis de la Rochemondière.

— Charles-François comte de Laubespine, brigadier des armées du Roi, et dame Magdeleine-Henriette-Maximilienne de Béthune-Sully, comtesse de Laubespine, son épouse, dame et Sgr de Villebon, la Gatine, Montigny, etc.

Anne-Louis-Marie de Launay (Delaunay), ancien mousquetaire de la Garde du Roi, Sgr de Gillebois, etc.

Anne-Alexandre-Marie-Sulpice-Joseph, duc de Laval, maréchal de camp, Sgr de Gouillons.

— Guy-André-Pierre duc de Laval, maréchal de France, Sgr du marquisat de Gallardon.

— Jean-Baptiste de la Voyepierre de Banville, écuyer, chevalier de Saint-Louis, Sgr de Cravant.

François-de-Paule-Marie-Antoine Le Beau, Garde du corps du Roi, Sgr du fief d'Orrouer.

— Dame Jeanne-Charlotte Le Boulleur de Brotz, veuve de messire François de Carpentin, chevalier, Sgr de Lorière ;

— Dame Marguerite-Antoinette-Angélique Le Boulleur de Brotz, épouse de messire Charles-François-Alexandre Le Bouyer de Saint-Gervais, l'une et l'autre dames par indivis de la Sgrie de Brotz, et des grand et petit Godonville.

— Dame Léonard Le Conte, veuve de messire Louis-Auguste Fournier de la Chataigneraye, Sgr de la Ville aux Clercs.

Denis-Michel de l'Ecuyer (de Lécuyer), écuyer, Sgr de la Papotière.

— Pierre-Denis de l'Ecuyer (de Lécuyer), chevalier, ancien capitaine du régt de Piémont, chevalier de Saint-Louis.

— Dame Marie-Magdeleine Le Gendre, veuve de messire Jean, marquis de Logras d'Hollonce, dame de Montiers en Beauce, etc.

— Dame Marie-Florence Le Maire, veuve de messire Alexandre-Louis Ollivier, dame de la Mairie de Fontaine la Guyon.

Michel-Pierre-Auguste Le Noir, chevalier, Sgr de Joui, etc.

Jacques Lenoir, écuyer, Sgr de la baronie de Bullon.

— Louis-Michel Le Pelletier de Saint-Fargeau, chevalier, Sgr de Saint-Fargeau, président au parlement de Paris.

— Dame Magdeleine-Charlotte Le Pelletier de Saint-Fargeau, princesse de Chimay, dame de la baronie de Montereau, veuve de messire Thomas-Marc-Alexandre d'Alsace d'Hénin-Liétard, comte de Bossu, prince de Chimay et du Saint-Empire.

— Louis-Alexandre-Marie-Joseph Le Sénéchal-Carcado-Molac, marquis de Carcado, comte des Faures et d'Ablis.

Claude-Francois de l'Etang, Sgr de Craches.

Nicolas de Létang (l'Etang) de Viantais, chevalier de Saint-Louis.

Pierre Le Texier de Montainville, écuyer.

Charles-Théophile Le Texier, écuyer.

— Dame Marguerite-Thérése-Françoise Le Vassor, veuve de messire Thomas-Pierre Guérineau, écuyer, dame de Berthon.

Louis-François Lhomme-Dieu du Tranchant, chevalier, Sgr du Chataignier, la Couture, etc.

Jean-Baptiste-Claude des Ligneris, chevalier, marquis des Ligneris.

— Dame Félicité de Lopriac de Dongé, veuve de messire Louis-Joseph de Querhoent, marquis de Querhoënt, dame de Prunay le Gilon, etc.

— Jean-Jacques de Loynes d'Auteroche, chevalier, lieutenant-colonel d'infanterie, Sgr chatelain de Charray.

— Claude de Loynes d'Auteroche, chevalier, Sgr du Mesnil et de la Ronce.

Jean-Pierre de Magny, chevalier, Sgr de Rougemont.

Jean-Baptiste de Magny fils, écuyer, officier d'infanterie.

— Pierre-Augustin du Maitz de Goimpy, chevalier, Sgr de Saint-Léger des Aubez.

— Demoiselle Anne-Rose Mallebranche, dame du Mesnil-Simon en partie, etc.

— Charles-Louis Martel, chevalier, Sgr de Hécourt.

— Georges-François, marquis de Massol, Sgr de Magny.

Jérôme-Pélagie Masson, chevalier, comte de Meslay-le-Vidame.

— Antoine-Honoré Masson, chevalier, Sgr de Dry et du Gault.

— François-Nicolas-Charles de Mauduison, Sgr d'Hoursière, etc.

— Dame Anne-Claude Mayneaud, comtesse de Pons-Saint-Maurice, épouse de messire Louis-Auguste-Emmanuel de Pons, comte de Pons-Saint-Maurice, chevalier des ordres du Roi, lieutenant-général de ses armées ; ladite dame comtesse de Pons, propriétaire d'un fief en la paroisse d'Ormoy.

Augustin de Megret de Belligny, chevalier de Saint-Louis, ancien brigadier des gardes du corps.

— Marc-François Michau d'Harbouville, prêtre, Sgr de la Potterie et du Tronchay.

Joseph Michel, comte de Sabrevois, chevalier de Saint-Louis.

Pierre-Nicolas Midy, écuyer, Sgr de Levainville-sous-Gallardon, Héliot, la Perruche, etc.

Jean-François de Milleville de Boutonvillier, écuyer, Sgr de Join-villers, etc., chevalier de Saint-Louis.

— Dame Marie-Félicité-Gabrielle Molé, veuve de messire Louis-Joseph-Timoléon de Cossé-Brissac, duc de Cossé, dame des terres de Sazereux (Serazereux), Borville, Trememont, le Boullay, des deux Églises, Mondétour et Puizeux.

Charles-Philippe-Simon de Montboissier-Beaufort-Canillac, baron de Montboissier.

— Philippe-Claude de Montboissier-Beaufort-Canillac, comte de Montboissier, chevalier des ordres du Roi, Sgr d'Imonville.

Louis-René, marquis de Montigny, chevalier, Sgr de Sours, etc.

— Nicolas-Anne de Montlibert, l'aîné, écuyer.

— Gabriel-Anne de Montlibert, le jeune, chevalier.

— Anne-Christian de Montmorency-Luxembourg, comte de Luxembourg, premier baron chrétien de France, duc de Beaumont, marquis de Bréval.

— Dame Louise-Pauline-Françoise de Montmorency-Luxembourg de Tingry, veuve de Louis-François-Joseph, prince de Montmorency, premier baron chrétien de France, dame de Tréon, etc.

— Henri-Barthélemy du Mouchet de la Mouchetière, chevalier, Sgr de Saint-Eman.

— Gabriel-Jacques de Neveu, écuyer, Sgr des Proutières au Perche.

— Marc-Antoine Nicole, écuyer, Sgr du Plessis-Baigneaux, Rigeard, etc.

— Le duc de Noailles, pair et maréchal de France, marquis de Maintenon, comte de Nogent-le-Roi.

— Alexandre-Louis Olivier, écuyer, Sgr d'Ambris.

— S. A. S. Mgr le duc d'Orléans, premier prince du sang, duc de Chartres.

— François-Marie-Simon de Paris, chevalier, Sgr de la Garenne de Mainvilliers.

— René de Paris, chevalier, ancien capitaine au régt de Bourbon-infanterie, Sgr baron de Bas-Loup, près Vendôme.

— Jean-Léon Patas du Bourgneuf, écuyer, Sgr de Melliers.

— Léon-Hector Patas de Melliers, écuyer, seigneur du marquisat d'Illiers et dépendances.

— S. A. S. Mgr le duc de Penthièvre, prince d'Anet.

— François-Denis-Barthélemy Perochet, Sgr de Morainville.

— Nicolas-Olivier Perrée de Villestreux, chevalier, Sgr du marquisat de Courville et de la châtellenie de Chuisne.

— Réné Perrier, écuyer, Sgr de Montjouvain.

— François Petau, chevalier, Sgr de Moulette, et de Mesnil-Maupas.

Agathon du Petit-Bois, l'aîné, colonel de dragons.

— Dame Marie-Elisabeth Petit-Deslandes, veuve de messire Charles Chantier de Brainville, écuyer, comme tutrice honoraire de ses enfants, Sgrs de la mairie de Seresville.

Le chevalier de Pezé.

— Dame Emilie-Louise Picot de Dampierre, veuve de messire Ange-Réné de Brizay, chevalier, comte de Brizay, lieutenant-général du pays Chartrain, Sgr d'Ouarville, etc., tutrice honoraire de ses enfants.

Jean-François-Régis-Alexis-Marie de Prat, capitaine commandant au régt de Beauce, chevalier de Saint-Louis.

— Etienne Prévôt, écuyer, fils de François-Marie, Sgr de Chantemesle et de l'Oyron, (Logron).

— Jules-Etienne-Honoré, marquis de Prunelé, baron de Molitard, Sgr du grand et petit Chatay.

— Dame Françoise Quesnel, veuve de Joseph-Robert Rey, écuyer, dame de Badonville, Broué, etc.

Charles-André Renouard, chevalier, Sgr de la Salle Saint-Loup.

Jean-François de Reviers, capitaine au régt de Lorraine-infanterie.

— Jacques-François-Vincent, comte de Réviers de Mauny, Sgr de Pré Saint-Martin et de Saint-Etienne du Gault.

Pierre-Hercule de Rey, chevalier, ancien capitaine au régt d'Artois-cavalerie.

— Victurnien-Bonaventure-Victor de Rochechouart, marquis de Mortemart.

— Louis-Pierre-Jules-César, comte de Rochechouart, mestre de camp, attaché au régt d'Armagnac-infanterie, Sgr de Gourville.

— Charles-François de Rosset, comte de l'Etourville, chevalier, Sgr de l'Etourville en Beauce.

— Michel-François Roussel d'Espourdon, chevalier, marquis de Courcy, Sgr de Mesnillon, etc.

— Charles-Antoine-Léonard de Sahuguet d'Amarzit, baron d'Espagnac, lieutenant au régt des Gardes-françaises, Sgr des Salles de Ruts.

Armand-Léon de Sailly, chevalier, Sgr de Theuvy.

Claude-Denis-François de Saint-Denis, chevalier, Sgr du Plessis-Hugon.

— Ursin de Saint-Paul (Saint-Pol), Sgr châtelain des Etilleux et Boisvillette.

— Nicolas-François de Saint-Pol, chevalier, Sgr de la Soublière, la Gaudaine, etc.

— François, comte de Salvert, écuyer, commandant les écuries de la Reine, et Angélique-Victoire (de) Vaucanson, son épouse, Sgr et dame du Boullay d'Achères, le Péage Robercourt, etc.

— Jacques-Isaac Seurat, conseiller au chatelet d'Orléans, Sgr du Franc Rosier, et de la Pouilleuse.

Jean-Sochon de l'Aubespine (Laubespine), écuyer.

Pierre-Louis de Sochon de Soustour, écuyer.

— Michel-Louis-François de Suhard, chevalier, sieur de Montégut.

Antoine-Omer Talon, chevalier, marquis du Boullay-Thierry, vicomte héréditaire de Nogent-le-Roi.

— Joseph de Taragon, chevalier, Sgr de Reclainville.

— Dame Anne-Perrine de Taragon, épouse non commune en biens de messire Jean-Jacques de la Roque, baron d'Ornac, dame des fief et Sgrie de Bourneville.

— Pierre-Jean-Alexandre de Tascher, chevalier, Sgr de la Salle d'Illonvilliers.

— Joseph Tassin, écuyer, Sgr du Bois Saint-Martin.

François-Laurent du Temple de Rougemont, écuyer, Sgr de Montafilan.

Charles-Philippe du Temple, écuyer, avocat du Roi au bailliage de Chartres.

Armand-Pierre-Claude-Emmanuel Testu, vicomte de Balincourt, Sgr des Costes.

— Emmanuel-Claude-Placide-François Testu, chevalier.

Henri-François Thibault de la Carte, comte de la Ferté-Senecterre, Sgr de la Loupe, etc.

— Louis-Lazare Thiroux d'Arconville, chevalier, Sgr d'Arconville, Frazé, etc.

— Dame Marie-Odile-Charlotte du Tillet, veuve de messire Charles-Antoine du Tillet, chevalier, marquis de la Dussière, dame de Spoir, Mignières en partie, etc.

— Antoine, chevalier comte de Tilly, Sgr de Leveville la Chenard.

— Charles-Michel Trudaine de la Sablière, conseiller au parlement de Paris, Sgr du Plessis-Franc, etc.

Jacques Valteau de la Roche (Valleteau de la Roque), chevalier, maître honoraire en la chambre des comptes de Paris.

— Jérôme-Nicolas Valteau (Valleteau) de la Fosse, chevalier, Sgr de Renancourt, Charpont, etc.

— Charles-Victoire Valboy Dumès (Vatboy du Metz), chevalier, comte de Ferrière, major des vaisseaux du roi, Sgr baron de Ver, Morancès, Coranies, etc.

BAILLIAGE DE DOURDAN.

Procès-verbal de l'Assemblée générale des trois ordres (1),

16-30 mars 1789.

(*Archiv. imp.*, B. III. 63 p. 50, 94, 134, 211).

NOBLESSE.

Auguste-Joseph de Broglie de Revel, prince du Saint-Empire Romain, comte et baron de Druy, Sgr de Songy, Parigny-sur-Sardolle, Saint-Ouen, Beard, Nanteau-sur-Essonne, Boisminard, etc., colonel attaché au régt de la Couronne-infanterie, conseiller du Roi, grand bailli d'épée, président de l'ordre de la noblesse.

Alexandre-Louis Desroys du Roure.

Louis-Henri-Charles de Gauville, baron de la Forêt le Roi, *alias*, baron de Gauville.

Le comte de Lally-Tolendal

Jules-François-Louis Liénard du Colombier.

Charles-François Pajot fils, chevalier.

N... Pajot de Juvisy, secrétaire.

Gaspard Pecou, chevalier, marquis de Cherville.

Le vicomte de Prunelé.

Antoine-Louis-Claude marquis de Saint-Germain d'Apchon.

Antoine, comte de Tilly.

Assemblée du 27 juillet 1789.

Le marquis d'Apchon, absent.

Le marquis de Cherville, absent.

Alexandre-Louis Desroys du Roure, écuyer, capitaine d'infanterie.

Louis-Henri-Charles de Gauville, baron de la Forêt le Roy, député aux Etats-Généraux.

Le marquis de Gouvernet (La Tour du Pin), absent.

Le comte de Lally-Tolendal, absent.

Liénard du Colombier, absent.

Pajot de Juvisy, absent.

Pajot fils, absent.

Augustin-Marie-Etienne, vicomte de Prunelé, capitaine de dragons.

Le prince de Revel (Broglie), absent.

Le vicomte de Selve, absent.

Antoine, comte de Tilly, chevalier de Saint-Louis.

(1) L'orthographe des noms de la liste que nous publions a été revue sur la minute du procès-verbal, B. a. IV. 31.

BAILLIAGE DE GIEN.

Procès-verbal de l'Assemblée générale des trois ordres (1).

16 mars 1789.

(*Archiv. imp.*, B. III. 68. p. 39-48.)

NOBLESSE.

Charles-Henri de Feydeau, chevalier, marquis de Brou, Sgr du marquisat de Dampierre en Burly, du comté de Gien-sur-Loire, d'Ouzouer-sur-Trézée, etc., conseiller d'État, directeur général des Économats de France, bailli pour S. M. de la ville, bailliage et comté de Gien-sur-Loire, ressort et dépendances.

— Les Sgrs du canal de Briare.

De Chazal (Dechazal) Sgr de Lande.

Etienne-Nicolas des Champs.

Arnault de Chesne, Sgr de Saint-Ezoges, absent.

Etienne-Nicolas de la Barre.

De la Barre (Delabarre).

Gabriel Duchemin de Chasseval.

Louis Dufaur.

— Dufaur, Sgr de Cormont.

Dutillet, Sgr de la Bussière.

Georges-Roch Duverne.

De Falaizeau, Sgr d'Ecrignolles.

Le chevalier de Fontaizeau (Falaizeau.)

Le chevalier de la Fage.

Le Noir (Lenoir), Sgr de la Châtre.

— Madame veuve Le Noir, dame du fief des Combles.

— Mademoiselle Le Noir, dame du fief des maisons-Rouges.

— Le duc de Luxembourg, Sgr de Bois-Morand.

— De Racault, Sgr de Reuilly.

De Raucourt fils, Sgr de Marchais-Creux.

Edme-Lin-Clet de Raucourt de Villiers.

Achille-Michel de Raucourt.

— Le comte de Saint-Fargeau, Sgr du Vau.

(1) L'orthographe des noms de la liste que nous publions a été revue sur la minute du procès-verbal, B. a. IV. 35.

BAILLIAGE DE MONTARGIS.

Procès-verbal de l'Assemblée générale des trois ordres du bailliage de Montargis et des bailliages secondaires de Château-Renard et Lorris (1).

16 mars 1789.

(*Archiv. imp.*, B. III. 90. p. 237, 260-280.)

NOBLESSE.

Louise-René-Madelaine Levassor, comte de la Touche, chevalier, Sgr de Platte-Ville, etc., chevalier de Saint-Louis, membre de la Société militaire de Cincinnatus, capitaine des vaisseaux du Roi, inspecteur général des canonniers auxiliaires de la marine, chancelier, chef du Conseil, garde des sceaux et surintendant des maison, finances, domaines et bâtiments de S. A. S. Mgr le duc d'Orléans, grand bailli d'épée de ce bailliage.

Joseph-Pierre d'Albizzy, chevalier, capitaine au régt Dauphin-cavalerie, chevalier de Saint-Louis.

Louis-Jacques-Joseph, comte d'Autry, chevalier de Saint-Louis, ancien capitaine au régt de la Couronne-infanterie, chevalier, Sgr de la Mi-Voye et de Varennes.

— Edme-Henri de Beaujeu, marquis Sgr de Mailly, etc.

— Dame Claude-Marie-Renée-Félicité de Bernage, veuve de Pierre Arnauld de la Briffe, chevalier, conseiller du Roi en ses conseils, président honoraire au parlement et président au grand conseil.

— Dame Anne-Alexandrine de Bernard de Champigny, dame de Chalette, épouse non commune en biens de Charles-Louis Testu, comte de Balincourt, chevalier, maréchal de camp, gouverneur du Port-Louis, chevalier de Saint-Louis.

— Charles-Honorine de Berthelot de la Villeurmoy, chevalier, Sgr de Vesey, la Villeurmoy, etc., conseiller du Roi en ses conseils, maître des requêtes ordinaire de son hôtel.

Eugène-Eustache comte de Béthizy, chevalier, Sgr de la Celle-sur-le-Bied, maréchal de camp, inspecteur, commandeur de Saint-Louis.

Antoine-Frédéric de Birague d'Apremont, chevalier, Sgr de Javet, etc., ancien officier au service d'Autriche, député de la noblesse au bureau intermédiaire de Gien et de Montargis.

Jean-Charles de Birague, chevalier, Sgr de l'Isledon, ancien mousquetaire, lieutenant des chasses de S. A. S. Mgr le duc d'Orléans.

---

(1) Cette liste a été revue et collationnée sur la minute du procès-verbal des trois ordres (B. a. IV, 45) et sur le procès-verbal de l'assemblée particulière de la noblesse (B. III. 90, p. 397-418,)

André-Henri de Birague, chevalier, Sgr de la Motte-des-Prés, ancien officier au régt de Custine.

Antoine-Marc, chevalier de Birague, chevalier, ancien officier au régt de la Reine-infanterie.

— Antoine-François Bitault, chevalier, Sgr comte de Vaillé, Senan, etc.

— René Bobet, conseiller secrétaire du Roi honoraire, Sgr d'Ouzouer-des-Champs, etc.

— Jean-Baptiste-Louis de Bouvier, chevalier, mineur, Sgr du Perroy, etc.

— Jean-Baptiste-Thomas Boucher de la Rupelle, chevalier, Sgr dudit lieu.

Jacques-François Bouvin (Bovuier) de la Motte, chevalier, ancien officier au régt de Conti-infanterie.

Jacques-François Bouvin ou Bouvier de la Motte Gondreville, chevalier, Sgr de Mondru, capitaine commandant au corps royal d'artillerie des colonies, chevalier de Saint-Louis.

— Les Sgrs propriétaires du canal de Briare, barons dudit Briare.

— Antoine Chandot, écuyer, Sgr d'Armeau, chevalier de Saint-Louis, ancien sous-brigadier des mousquetaires gris.

Durand-Louis de Chassain de Chabet, chevalier, capitaine au régt de Foix-infanterie.

— Pierre de Chazal, chevalier, Sgr de Lande, la Villeneuve, etc., conseiller, sous-doyen au grand conseil du Roi.

Marie-Michel Croquet de Beligny, chevalier.

Paul Croquet de Montreuil, chevalier.

Honoré David de Conflans, chevalier, Sgr de Truchin, ancien capitaine au régt de la Tour du Pin, chevalier de Saint-Louis.

Pierre-Gratien David de Moncresson, chevalier, ancien capitaine de Grenadiers royaux, chevalier de Saint-Louis.

Philippe-Henri David de Monmartin, chevalier, ancien capitaine des Grenadiers royaux, chevalier de Saint-Louis.

— Loup-Eustache-François comte du Deffand, Sgr de Dannery, etc., capitaine de cavalerie, chevalier de Saint-Louis.

— Anne-Nicolas Doublet de Persan, Sgr de Saint-Aubin, etc., conseiller du roi en ses conseils, maître des requêtes.

Edme-Louis-Augustin Duchemin (du Chemin) de Chasseval, chevalier, ancien mousquetaire gris (première compagnie).

— Dame Marie Dufour, veuve de Pierre-Henri comte de Villereau, chevalier, Sgr du Mesnil.

— Augustin-Jean-Louis-Antoine Duprat, comte de Barbançon, Sgr de Précy, etc., mestre de camp, commandant du régt d'Orléans-cavalerie.

— Antoine-Louis Dupré de Saint-Maur, chevalier, Sgr de Courtoiseau, etc., ancien capitaine aux gardes françaises, chevalier de Saint-Louis.

Le marquis Duquesne.

Louis-Philippe Duverne (du Verne), chevalier, Sgr de Marancy, la Loge, etc., ancien capitaine au régt de Navarre, chevalier de Saint-Louis.

— Étienne-Odile-Alexandre de Falaiseau, chevalier, Sgr de la Ravaudière, Escrignolles, etc., capitaine au régt d'Alsace (à cheval).

— Le tuteur de dame Fargeonnel d'Hauterive.

Claude-Pierre-Gabriel de Fontenay, chevalier, ancien page du Roi en sa grande écurie, ancien inspecteur des haras.

— Jean-Baptiste Formanoir de Saint-Mars, chevalier, Sgr d'Arblay, etc.

— Dame Marie-Françoise Foubert, veuve de Jean-Baptiste-François de Gauville, chevalier, ancien officier de chevau-légers de la garde du Roi, chevalier de Saint-Louis.

Jean Fougeret, écuyer, Sgr de la chatellenie de Château-Renard, receveur général des finances.

— Philippe de France, chevalier, Sgr de la Ronce, etc.

Georges-Gabriel-Aimable de Frétat, chevalier, Sgr du Chassain, ancien lieutenant-colonel dans la marine royale, chevalier de Saint-Louis.

— Pierre Gilbert de Voisins, président au parlement de Paris, Sgr de Bellegarde, etc.

Pierre-Louis de Gislain, chevalier, Sgr baron de Bontin, Somcaise, etc.; député de la noblesse au bureau départemental de Joigny et Saint-Florentin.

Jean-Baptiste-Jacques de Gislain, chevalier, Sgr de la vieille Ferté, etc.; ancien chevau-léger de la garde du Roi.

— Dame Marie-Gabrielle de Gislain, veuve de Antoine-Henri, baron Le Charron, chevalier, commandant pour le Roi au château de Landskroond.

— Georges Grand, écuyer, chevalier de l'ordre suédois de Vasa, Sgr de la baronie d'Esnon, etc., député de la noblesse au département de Joigny et Saint-Florentin.

— Antoine-Maximilien de Guérin de Brulart, chevalier, Sgr de Chêne Arnoult, les Bourginottes, etc., capitaine des chasseurs à cheval au régt de Languedoc.

Jean-Louis Degnouville (de Guerville), chevalier.

— Abraham-Frédéric d'Hautefort, vicomte d'Hautefort, comte de Neuvy et la Celle-sur-Loire, Sgr de Champieux, etc., maréchal de camp, chevalier d'honneur de Monsieur, frère du Roi.

Guillaume-François-Nicolas de la Garde, chevalier, maréchal-des-logis en chef du régt de Royal-Cravatte-Cavalerie, et pour dame Marie Dedu ou Bidu, veuve de Guillaume de la Garde, sa mère.

Pierre-Joseph de la Haye, écuyer, Sgr de la Motte, etc., conseiller du Roi, commissaire pour la vérification des droits maritimes.

— Marie-François de la Haye de Cormenin, chevalier, Sgr de Cormenin, conseiller du Roi, maître ordinaire en la chambre des Comptes de Paris.

— Claude-Guillaume Lambert, chevalier, conseiller d'Etat au conseil des dépêches et des finances du Roi, Sgr de Villoiseau, etc.

Louis-Georges de la Perrière, Sgr de Monsoraye (Mousseraye).

— Jacques-Raphaël de la Perrière, chevalier, Sgr d'Agland, la Coudre, etc.

— Paul de la Perrière, chevalier, Sgr de Foizeau.

Pierre-Roch de la Perrière, chevalier, Sgr du Martroy, etc.

Hubert de la Perrière, chevalier, Sgr de Pérault.

Guillaume-Balthazar Le Coutellier, chevalier.

— Lefèvre,écuyer, Sgr de Pithurin, etc. (Avocat-général de la Cour des Monnoyes.)

Louis-Charles Lemaire du Charmoy, chevalier, lieutenant au régt de Paris.

Charles-Claude Lemaire du Charmoy, chevalier, Sgr des Hayes et de la Rougerie, ancien capitaine de cavalerie des volontaires de Hainault, procureur syndic de la noblesse de Montargis et Gien.

— Louis-Michel Le Pelletier de Saint-Fargeau, conseiller du Roi en ses conseils d'Etat et privé, président au parlement de Paris.

Jacques-François Le Petit, Sgr du Martroy-Lallier, lieutenant général du bailliage de Nemours.

— Dame Marie-Claude Lié de Bosredon de Vatanges, veuve de Jean-Hyacinthe de Tulle, comte de Villefranche, ancien capitaine de cavalerie, Sgr de Lonze ou Looze, etc.

— François-Maurice de Lossendière, maréchal de camp.

Louis-Jean-Baptiste-François, vicomte de Machault, chevalier, Sgr de la Forest, Châtre, etc., colonel attaché au régt des dragons de la Reine.

N... Marie.

— Augustin Marie, écuyer, Sgr de la Motte Coudray, etc.

— Dame Antoinette-Jeanne-Françoise de Masclary, veuve de Marc-Antoine-Mathieu-Alexandre Le Charron, ancien lieutenant au régt de Limousin, chevalier de Saint-Lazare, dame de Chamoreau, Chaplon, etc.

Jean-Marie de Malsiray (Masclary), chevalier, lieutenant-colonel de cavalerie (chevalier de Saint-Louis).

— Dame Élisabeth Masson, veuve de Melchior-Philibert, baron de Chamousset, etc.

— Dame Charlotte-Marguerite de Menou, veuve de Claude-Marie Dodart, chevalier, mestre de camp de cavalerie, chevalier de Saint-Louis.

— Dame Marie-Françoise Mesnard, veuve de Nicolas-François de Feroux, chevalier de Saint-Louis, ancien capitaine au corps royal d'artillerie.

— Marie-Thérèse-Nicole de Midorges, comtesse d'Halvil, dame de la Celle-Saint-Cyr, etc., veuve de Joseph, comte d'Halvil, maréchal de camp, gouverneur et commandant de Colmar, chevalier de l'Aigle blanc.

Claude (comte) de Mithon Genouilly, chevalier, Sgr de Gix, chef d'escadre, chevalier de Saint-Louis.

Louis de Monsselard père, chevalier, Sgr de Jallemin, chevalier de Saint-Louis, ancien capitaine au régt de Vermandois.

Louis-Urbain de Monsselard, chevalier.

Louis-César de Monsselard, chevalier.

Jean-Baptiste, chevalier de Monsselard, chevalier.

Louis-David de Monsselard, chevalier, capitaine au régt de Flandre-infanterie, chevalier de Saint-Lazare.

Guillaume de Montigny, chevalier, Sgr marquis de Montigny, Perreux,

Ponissant ou Ponnefault, etc., ancien écuyer du Roi, gentilhomme ordinaire de sa chambre, écuyer ordinaire de Madame Victoire.

— Anne-Charles-Sigismond Montmorency-Luxembourg, duc de Luxembourg, Piney, Chatillon sur Loing, pair et premier baron chrétien de France, maréchal de camp, lieutenant-général pour S. M. de la province d'Alsace.

— Gabriel-Louis de Neufville, duc de Villeroy, pair de France, chevalier des ordres du Roi, lieutenant-général de ses armées, capitaine d'une compagnie des gardes du corps du Roi, comte de Joigny, etc.

Louis-Henri Noirat de Platteville père, chevalier.

Louis-Nicolas Noirat de Platteville fils, chevalier, lieutenant au régt de Paris.

— S. A. S. Mgr le duc d'Orléans, premier prince du sang.

— Dame Marie-Angélique du Pertuis (Perthuis), mère de Jean-François Bouvin de la Motte, veuve de Jean-Baptiste Bouvin ou Bouvier de la Motte, chevalier, Sgr de Gondreville.

Pierre-Louis-Nicolas Piochard, chevalier, Sgr de la Brulerie, capitaine de cavalerie, chevalier de Saint-Louis.

Charles-Louis de Portelance, écuyer, Sgr de Toury, etc.

Louis-Armand-François-Marie-Jean-Baptiste de Prévost, chevalier, Sgr de Breloy, etc., ancien officier au régt de Conti.

— Demoiselles Marie-Edme-Renée de Quinquet, et Joseph-Adélaïde-Hippolyte de Quinquet, enfants mineurs de feu Pierre de Quinquet, capitaine de cavalerie, garde de corps du Roi, chevalier de Saint-Louis.

— Le tuteur des enfants mineurs de messire Racault de Reuilly, chevalier, mestre de camp de dragons, chevalier de Saint-Louis.

— Pierre-Etienne-Achille de Rancourt, Sgr de la Prontière, etc.

Georges-François Ravault, chevalier, Sgr de Mousseau, etc., chevalier de Saint-Louis.

Armand-Louis de Rogres, marquis de Champignolles, maréchal de camp.

Bénigne-Henri Sacriste, chevalier, sire marquis de Tombebœuf, Sgr de Grand-Champ, etc., ancien premier lieutenant aux gardes françaises, chevalier de Saint-Louis.

Le comte de Sampigny.

Henri-Philippe-Jean-Baptiste, vicomte de Ségur, major en second au régt de Languedoc, chevalier de Saint-Louis et de Saint-Lazare.

— Claude-Palamède-Antoine, comte de Telis, chevalier, capitaine au régt des gardes françaises, chevalier de Saint-Louis, Sgr de Puizeaux.

— Charles-Louis Texier, marquis d'Hautefeuille, Sgr de Charmy, etc., maréchal de camp, inspecteur d'infanterie.

— Dame Marie-Madelaine Texier d'Hautefeuille, veuve de Henri-Augustin Guillot, marquis de la Motte, dame de la Motte-aux-Aulnois.

— Jacques-Philippe Thévenin de Vermenil (Verneuil), écuyer, Sgr de la Chapelle.

— Charles-Jean-Baptiste du Tillet, chevalier, marquis de la Bussière, comte de Serigny, baron de Chailly, etc., maître des requêtes honoraire.

— Claude-Étienne Tonnelier, écuyer, mineur, Sgr de la Pontcnnerie, Montalibert, etc.

Claude Trezin de Lombreuil, écuyer, maître particulier des eaux et forêts de Montargis.

— Étienne-Philippe, marquis de Villaines, chevalier, Sgr de Chevillon, la Ferté-Loupierre, etc.

Jean-Baptiste, baron de Villemort, chevalier, Sgr de Changy, etc., ancien officier au régt d'Artois-dragons.

— Philippe-Louis-Eustache, baron de Villereau, chevalier, Sgr de Launay, Douchy, etc, ancien capitaine d'infanterie, chevalier de Saint-Louis.

— Charles-Marin-César des Voisines, chevalier, Sgr de Tiersanville.

BAILLIAGE D'ORLÉANS.

Procès-verbal de l'Assemblée générale des Trois-Ordres (1).

16 mars 1789.

(*Archiv. imp.*, B. III. 98, p. 493, 579-644.)

Claude-Antoine de Béziade, marquis d'Avaray, baron de Lussay, Sgr de Létion, Courbuzon, La Brosse, etc., lieutenant-général de la province de l'Orléanais, maréchal de camp, maître de la garde-robe de Monsieur, frère du Roi, grand bailli d'épée des bailliage et duché d'Orléans, gouverneur de Neufchâteau et de Beaugency, juge des exempts et cas royaux.

Louis-Auguste, vicomte d'Alès, chevalier, Sgr de Corbet.

Jean-Louis-Antoine Alix, écuyer, Sgr d'Outreville.

Alix, fils mineur, écuyer, Sgr du Grand-Brouville.

Gabriel d'Arsac, chevalier, marquis de Ternay, chevalier de Saint-Louis.

Louis-Joseph, comte d'Aspremont, chevalier, capitaine au régt Royal-Normandie.

Gabriel Baguenault, écuyer, Sgr de Puchesse.

---

(1) Suivant la liste qui en a été vérifiée et approuvée dans les séances particulières de l'ordre de la Noblesse (B. III, 98, p. 579), collationnée par nous sur la minute du procès-verbal, B. a. IV, 51, et sur la publication faite par M. de Courcelles dans son *Dictionnaire de la Noblesse*, t. V,

Pierre-Marin Baguenault, écuyer, sieur d'Honville.

Charles-Joseph Baguenault, écuyer.

— Demoiselle Baguenault de Beauvais, veuve de messire Charles Cahouet de Neuvy, à cause de son fief de Marolles.

Alexandre-Pierre de Barville, chevalier, Sgr de la Bretaiche, lieutenant au régt d'Auvergne-infanterie.

François-Louis de Barville, chevalier, Sgr d'Hamonville, chevalier de Saint-Louis, lieutenant au régt des Gardes-Françaises.

Michel-Alexandre de Barville, chevalier, Sgr de Reuilly, ancien capitaine des grenadiers royaux de l'Orléanais, chevalier, chevalier de Saint-Louis.

Pierre-René Baucheron de Boissoudy, écuyer.

Marie-Louis-François Bertheau, écuyer, Sgr de Moigneville.

Louis Bertheau, écuyer, Sgr de Bois-Sully.

Jean-François Bezançon, écuyer, chevalier de Saint-Louis, ancien capitaine de grenadiers au régt Royal-Piémont.

Adrien-Jules-Gauthier de Bézigny, chevalier, président honoraire au parlement.

Pierre-Irénée Bigot, chevalier, Sgr de la Touanne, Bacons, etc.

André-Gaspard-Parfait, comte de Bizemont, chevalier, capitaine à la suite du régt du Maine-infanterie, chevalier de Saint-Lazare et de N. D. du Mont-Carmel, ancien écuyer du Roi.

Joachim-Joseph-Constant de Blessebois, écuyer, ancien officier au régt d'Orléans-infanterie.

— Marie-Anne Bobus, damoiselle, veuve de messire Louis-François Thouron de Moranzel, écuyer, ancien contrôleur des bâtiments du Roi.

Gatien Bouchet, écuyer.

— Louis-Jean-Marie de Bourbon, duc de Penthièvre.

Étienne-Anne Bourgeois de Boynes, chevalier, conseiller du Roi, son avocat au Châtelet de Paris.

Charles Boyetet, écuyer, Sgr des grand et petit Domainville.

Étienne-Claude de Brachet, chevalier, officier au régt des chasseurs de Picardie, chevalier de Saint-Lazare, Sgr de Menainville.

Robert-Joseph-Marie Cahouet, écuyer, Sgr de la ville et châtellenie de Saint-Gilles sur Vic en Poitou, du Gamereau, Neuvy, etc., premier lieutenant au régt des chevau-légers, lieutenant des maréchaux de France à Orléans.

Félix-Jean-Baptiste Carraud, écuyer, chevalier de Saint-Louis, président trésorier de France à Bourges.

Gaspard-Louis de Chambon, marquis de Chambon, maréchal de camp.

Jacques Charpentier, chevalier, Sgr de Boisgibault, président à la cour des aides de Paris.

Albert Clairambault, comte de Vandeuil, chevalier, Sgr de Saint-Germain le Grand.

— Du Cluzel, marquis de Montpipeau, baron de Cheray ou Chézy, officier au régt du Roi-infanterie, mineur.

Louis Colas de Brouville Malmusse, écuyer, Sgr de Fauchet.

Louis Colas de Brouville, écuyer, secrétaire de l'assemblée.

Pierre Colas de Brouville, écuyer, Sgr de Lumeau.

Étienne Colas de Brouville de la Noue, ecuyer.

Michel-Jacques Colas de Brouville de Malmusse, écuyer.

Charles Colas des Ormeaux, écuyer.

Robert Colas de Brouville, chevalier, procureur du Roi aux eaux et forêts du duché d'Orléans.

Pierre-François Colas des Francs, écuyer.

— Dame Marie-Etiennette de Combault, damoiselle, veuve de messire Louis-Albert-Gabriel de Villevieu.

Jacques-François de Commargon, écuyer, Sgr de Près.

Charles-René-Valentin, marquis de Coué, chevalier, mestre de camp de cavalerie, chevalier de Saint-Louis, pour la baronie et châtellenie de la Ferté Lovendal.

Alexandre-Jean-Maclou de Crépin de Billy, chevalier, écuyer de main de la Reine, capitaine au régt de la Reine-cavalerie.

— Dame Elisabeth-Jacqueline de Creuy, veuve de messire Antoine-Michel de Tourtier, maréchal de camp, chevalier de Saint-Louis, tutrice de ses enfants.

François-Anselme Crignon de Bonvalet, écuyer.

Anselme Crignon Sinson, écuyer.

François-Raymond Crignon de Bonvalet, écuyer, conseiller au Châtelet d'Orléans.

Jean-Anselme Crignon de Bonvalet, écuyer.

Aignan Crignon de Bonvalet, écuyer.

Robert-Prosper Crignon de Bonvalet, écuyer.

Anselme Crignon, écuyer, Sgr d'Auzouer.

Marie-Pierre-Antoine de Cugnac, chevalier, marquis de Dampierre, chevalier de Saint-Louis, baron d'Huisseau.

Clément Cugnot de Lépinay, écuyer, Sgr châtelain de Vieuvique, etc.

Barthélemy-Joseph Curault, écuyer.

— Dame Marie-Henriette Curault, damoiselle, veuve de messire Jacques-Michel du Saussay, chevalier.

Pierre-Augustin Curault, écuyer, lieutenant-général au bailliage d'Orléans.

Jean-Antoine Daussy, chevalier, Sgr des Coutures, la Roche, etc.

Jean-Louis, baron Daussy, chevalier, Sgr de Bardy, Senives les Pithiviers, etc., écuyer de main de Monsieur, frère du Roi, ancien chevauléger de la Garde du Roi.

Jacques-Amable Dauvergne, chevalier, colonel de cavalerie, chevalier de Saint-Louis.

Nicolas-Louis-François Dedeley, baron d'Achères, chevalier, président en la chambre des Comptes à Paris.

Jacques de Demery de la Chenaye, chevalier.

Louis-Germain Deschalarts, écuyer, ancien officier au régt de Rouergue.

Philibert-Marie Destu, chevalier, comte d'Assay, major en second au régt de Cambrésis-infanterie, Sgr du Vot, etc.

Nicolas-Jacques Desvaux, chevalier, baron d'Oinville, Sgr de la Melleraye, chevalier de Saint-Louis.

Jean-François-Marie Dounant de Grandchamp, écuyer.

Louis-Florisel de Drouin, comte de Rocheplatte, chevalier, officier de carabiniers.

— Dame Renée-Rose Dubois, veuve de messire Jules-Gabriel de Bosmay, écuyer.

Louis-Anne, marquis Dubruel, chevalier, Sgr de Barmoncher les Chênes.

Charles-Nicolas Dubuisson, chevalier, Sgr de Blazville.

Amable-Joseph Dulac, chevalier, Sgr de Mont-Isambert, major des vaisseaux du Roi, chevalier de Saint-Louis.

César-Auguste Dulac, chevalier, ancien capitaine au régt de la Sarre, chevalier de Saint-Louis.

Louis-Pierre Dumaits de Goimpy, chevalier, ancien chevau-léger de la garde ordinaire, Sgr du fief du Colombier de Domainville.

Gabriel Dumont, chevalier, capitaine au régt d'Armagnac infanterie, Sgr du Verger.

Paul-René Dupont, chevalier, comte de Veillene, Sgr de Cerqueux, chevalier de Saint-Louis.

— Dame Elisabeth Dupont, veuve de messire Jean-Joseph Gastebois, écuyer, Sgr de Talsy.

Nicolas Dupré de Saint-Maur, Sgr de Brinon.

René-Ursin Durand de Pizieux, chevalier, lieutenant au régt Dauphin-cavalerie.

Charles-François Duris de Chatignonville, chevalier, colonel d'infanterie.

Antoine-Pierre-Joseph Duroux, chevalier, Sgr Desguets.

Pierre-Bacon Duroy d'Hauterive, chevalier, Sgr de Fontenailles-Coneriez.

Pierre Dusausay, chevalier, officier au régt Royal-Roussillon-infanterie

Guillaume Dusausay, chevalier, Sgr du vicomté de Messas.

André-Jérôme Egrot du Lude, chevalier, ancien brigadier de la première compagnie des mousquetaires de la Garde du Roi, chevalier de Saint-Louis, Sgr du Lude.

Daniel-Prix-Germain comte Dufaur (du Faur) de Pibrac, chevalier, ancien mousquetaire de la Garde du Roi.

— Dame Marie-Françoise de Flandres de Brunville, dame de Saint Lupérce, veuve de messire François-Pierre du Cluzel, chevalier, marquis de Mont Pipeau, baron de Cheray, intendant de la généralité de Tours, comme tutrice de son fils, officier au régt du Roi-infanterie (Pierre-François du Cluzel).

Anne-Pierre de Fouchat de la Faucherie, chevalier, ancien officier a régt de Bassigny.

Jean Foucher de Lasseray, écuyer.

Auguste-Denis Fougeroux, écuyer, Sgr de la châtellenie de Bondarro et de Nainvilliers.

André Fougeroux, chevalier, Sgr de Secval, chevalier de Saint-Loui brigadier des armées navales, ancien capitaine de vaisseau.

Alexandre-François-Marie du Gaigneau, écuyer, capitaine au corps roy du génie.

Alexandre-Charles Dugaigneau (du Gaigneau) de Chateaumorand c Champvallins, écuyer, maître des eaux et forêts du duché d'Orléan Sgr de Marmone, Lahare et l'Aubespine.

Louis Gaillard de Courcelles, chevalier, Sgr du Poutil.

Louis, vicomte de Gallifet, chevalier, Sgr de la Cour, ancien major du régt de la Reine-cavalerie, chevalier de Saint-Louis.

Benoît-Pierre Garnier de Farville, chevalier, Sgr de Beauvilliers, Liévreville, Gérilly, etc., lieutenant-colonel d'infanterie, commandant du bataillon provisoire de Royal-Auvergne, chevalier de Saint-Louis, lieutenant de Roi à Chartres.

Jean-François de Gaudart du Bignon, chevalier, capitaine au bataillon de garnison de Provence.

Antoine-Marguerite de Gaudart d'Allaines, chevalier, lieutenant en premier au régt de la Sarre-infanterie.

Maximilien de Gaudart d'Allaines, chevalier, lieutenant en premier au régt d'Orléans.

Augustin-Louis Gauvignon de Bazonnières, chevalier, lieutenant au régt d'Auxerrois.

Charles de Gauvignon de l'Epinière, Sgr de Béon.

— Marie-Anne-Olympe Girauldon, veuve de messire Pierre-Simon-Etienne-Toussaint Alix, écuyer, trésorier de France à Orléans.

Pierre de Givès de Creusy, chevalier.

Georges-François de Gogué, chevalier, ancien sous-brigadier des gardes du corps.

Etienne Gourdineau, prêtre, curé de Monçay,

François-Henri Gourdineau, écuyer, Sgr de Chaudry.

Louis-Augustin de Gravelle, écuyer, Sgr du Grand-Tonfon.

Adrien de Grémion, écuyer, garde du corps du Roi.

Jacques-Jean-Baptiste-Philippe-Louis Grimoult de Villemotte, chevalier, écuyer du Roi.

Jean-Philippe-Isaac Guéau de Gravelle de Reverseaux, chevalier.

François-Apolline, comte de Guibert, chevalier, maréchal de camp.

Charles-Pierre do Guillaume de la Grange, chevalier, Sgr de Molaville.

Jacques-Madeleine Guyon, chevalier, marquis de Guercheville.

Armand-Jacques-François Guyon, chevalier, comte de Guercheville.

Philippe Hardouineau, chevalier.

Philippe-Louis-César Hardouineau, chevalier, capitaine de cavalerie.

Michel-Philippe-Etienne Hardouineau, chevalier, capitaine de cavalerie.

— Dame Marie-Anne-Catherine Hebron, damoiselle, veuve de messire Christophe-François Chabot.

Jean-Alexandre Hotman, chevalier, Sgr de Fontenay-sur-Conie, Mortanon, etc., ancien capitaine au régt de Chartres-infanterie, chevalier de Saint-Louis.

Nicolas-Thomas Hue, chevalier, comte de Miroménil, Sgr de Latingy.

Zacharie-Nicolas Huet d'Arlon, chevalier, Sgr de la Jonchère et Montbautier.

Claude-Jean-Baptiste Huet de Froberville, chevalier, Sgr de Rouilly.

Antoine-Pierre Huet d'Ambrun, chevalier.

Augustin-Guillaume Jogues de Guedreville, écuyer, Sgr de Poinville et de Germonville.

— Marie-Madeleine Jousse, damoiselle, veuve de messire Charles Tassin, écuyer.

— Dame Catherine-Marie-Anne Kerguelin, veuve de messire Louis-Charles Poillot de Marolles, chevalier, Sgr d'Auvilliers.

Pierre-Alexandre de Laage de la Mothe, écuyer.

Antoine-Rose de Laage de Meux, écuyer.

Jean-Baptiste de Laage de la Rochetterie, écuyer.

Jérôme de Laage de Meux, écuyer, conseiller-secrétaire du Roi de ses finances, honoraire.

Etienne-Nicolas de la Barre, écuyer, ancien officier des mousquetaires.

Jean-Joseph de la Borde, marquis de la Borde, vidame de Chartres.

François-Elie de la Fons de Luz, écuyer, Sgr de Luz, conseiller honoraire au Châtelet d'Orléans.

Marc de la Fons, écuyer, Sgr d'Izy, chevalier de Saint-Louis, ancien capitaine au régt de la Marche-infanterie.

René-Louis de la Gueule de Coinces, écuyer, Sgr de Coinces, conseiller au Châtelet d'Orléans.

Gabriel Lainé, chevalier, Sgr de Sainte-Marie.

Joseph Lainé, chevalier, Sgr de Saint-Péravy-la-Colombe, etc.

César-Henri, comte de la Luzerne, ministre de la Marine.

Honoré-François de Lambert, chevalier, lieutenant-colonel de cavalerie, prévôt général de la maréchaussée de l'Orléanais, chevalier de Saint-Louis.

Honoré-François de Lambert, chevalier, Sgr de Rosay, capitaine au régt Royal-Picardie-cavalerie.

Charles-Henri Lambert, écuyer, lieutenant au régt de Noailles-dragons.

Augustin-Charles-Pascal Lambert, chevalier, conseiller du Roi, maître des requêtes, Sgr de Chamerolles, etc.

Charles-Jacques Lambert, Sgr de la Riffaudière.

— Demoiselle Charlotte Lambert, damoiselle.

Jacques-François Lambert de Cambray, écuyer, maître particulier des eaux et forêts du duché d'Orléans, Sgr d'Aigrefin.

Charles Lambert de Villemarre, écuyer, ancien capitaine d'infanterie, chevalier de Saint-Louis, Sgr de Launay.

François-Jean-Baptiste Lambert de Villemarre, Sgr des Eaux, ancien capitaine d'infanterie au régt d'Orléans, chevalier de Saint-Louis.

Louis-François Lamirault, écuyer, Sgr de Cottainville.

Guillaume de Lamoignon de Malesherbes, chevalier, ministre d'Etat.

Bernard-Joseph de la Molaire, écuyer.

Marie-Paul-François de Lange, écuyer, Sgr de Coudray et de Jouy-le-Pottier en partie.

Louis-Henri-Marie de Languedoue, chevalier, ancien officier au régt de Flandre-infanterie.

Jean-François de la Taille, chevalier, Sgr de Guigneville, ancien capitaine au régt de la Marine.

Jacques-Hector de la Taille, chevalier, Sgr de Marsinvilliers, de Essarts, etc., chevalier de Saint-Louis, lieutenant-colonel commandant du bataillon de garnison de Provence, lieutenant des maréchaux de France.

Achille-Hector de la Taille-Tretainville, chevalier.

Georges-Hector de la Taille, chevalier, Sgr du Boulay, Brainvilliers et Lolainville.

Charles-François, comte de Laubespine, brigadier des armées du Roi, cause de dame Madeleine-Henriettte de Béthune de Sully.

— Dame Louise de Launay, damoiselle, veuve de messire Louis-Parfait-François de Villerot.

Anne-Alexandre-Marie-Sulpice-Joseph de Laval, duc de Montmorency, maréchal de camp.

Claude-Philippe de la Vergne, chevalier, baron de Loury, Sgr de la Roncière, du Bourgneuf, etc.

Jean-Louis-Marie Le Bascle, comte d'Argenteuil, chevalier, lieutenant général de la province de Champagne, mestre de camp de cavalerie, chevalier de Saint-Louis.

Jacques-Louis Le Bégue d'Oizeville, écuyer, Sgr du Cortail et Champfleury.

Jacques-Simon Le Clerc de Douy, écuyer, Sgr de Douy, etc., conseiller au Châtelet d'Orléans.

Anne-Charles-Guillaume Le Clerc de Lesseville, chevalier, conseiller au parlement.

Jacques-Louis-Guy Le Coigneux, chevalier, marquis de Bellabre.

Henri Le Forestier, chevalier, comte de Moberg.

Louis Le Grand de Melleray, chevalier, Sgr de Checy, etc., chevalier de l'ordre royal et militaire de Saint-Jacques.

Charles-Louis Le Juge de Loigny, chevalier, ancien capitaine commandant au régt de Piémont, chevalier de Saint-Louis.

— Dame Marie-Anne Le Mairat, damoiselle, veuve de messire François-Léon Le Gendre, chevalier, comte d'Onzenbray.

Jean-Alexandre Le Morhier Devilliers, ancien capitaine au régt Royal-artillerie.

Louis-Samuel Le Noir, écuyer.

— Dame Marie-Jeanne Le Vavasseur, dame de Barmainville, Herouville et la Colombe, veuve de messire Antoine-Maximilien, marquis d'Abos.

François-Charles-Louis, marquis de Leyssins, chevalier, ancien capitaine de cavalerie au régt des cuirassiers du Roi.

Louis-François L'Homme-Dieu du Tranchant, chevalier, Sgr du Puits-au-Corps.

Antoine-François-Jacques L'Huillier, écuyer, Sgr de Ligny.

Jean de Longueau de Launay, écuyer, chevalier de Saint-Louis.

François-Léon de Longueau de Saint-Michel, chevalier.

Charles-François Longuet, écuyer.

Jean-Baptiste-Louis-Édouard de Lonlay, chevalier, lieutenant des grenadiers au régt de Normandie, Sgr de Saint-Lubin, etc.

Louis-François de Loubbes, chevalier, baron du Sault.

Daniel de Loynes, chevalier, Sgr de Mazères, etc., chevalier de St-Louis.

Claude de Loynes de Gautray, chevalier, Sgr de la Motte-Vailly, Saint-Cyr, etc., chevalier de Saint-Louis.

Marie-Hector de Loynes de Milbert, chevalier, Sgr de Moléon.

Louis de Loynes d'Autroche de Moret, chevalier, brigadier des armées du Roi, chevalier de Saint-Louis.

Claude de Loynes d'Autroche, chevalier, Sgr de la Porte, etc., chevalier d'honneur au bailliage d'Orléans.

Jean-Jacques de Loynes d'Autroche, chevalier, Sgr des Marais, lieutenant des Gardes-françaises, chevalier de Saint-Louis.

Edouard-Jean, marquis de Luker, chevalier, né en Bretagne, membre des Etats de cette province, demeurant à Beaugency, chevalier de Saint-Louis.

Charles-Henri de Marpon, chevalier, Sgr de Saint-Aignan-le-Gaillard.

Charles-Marie-Jean-Elisabeth de Martel, chevalier, marquis de la Porte-Martel.

— Dame Marie-Anne Martin, veuve de messire Denis-Jacques-Joseph Pellerin, damoiselle.

Antoine-Honoré Masson, chevalier, Sgr de Dry, du Gouet, etc.

Alexandre-Clément Masson de Joinville, écuyer.

— Dame Elisabeth Massuau, veuve de messire François-César-Henri Prouvansal de Saint-Hilaire, écuyer, chevalier de Saint-Louis.

Augustin-Clément Massuau de la Borde, écuyer, ancien maire, Sgr d'Ozereaux.

Jean-Isidore de Maussabré, chevalier, Sgr du Coudray-Gaillard et de la Motte-Férolle, capitaine des chasseurs de Lorraine, chevalier de Saint-Louis.

— Dame Louise-Jeanne-Luce de Mazière, damoiselle, veuve de messire Gabriel Dumont, chevalier, maréchal de camp, chevalier de Saint-Louis.

Philippe Martin Mengin, chevalier, Sgr de Montmiral et de la Bazoche-Gouet, grand audiencier de France.

— Dame Michelle-Pétronille Mérault, comtesse de la Grève, veuve de messire Antoine-Lambert Masson, chevalier, comte de Meslay-le-Vidame.

Jean-Clément Michel, chevalier.

Charles Michel de Grilleau, chevalier.

Claude-Louis Midou, chevalier, Sgr de L'Ile.

Jacques-Philippe Miron de Saint-Germain, écuyer.

Amy-Pierre Miron-Raguenet, écuyer.

Charles-Euverte Miron-Seurrat, écuyer.

Nicolas Miron des Hauts-Champs, écuyer.

Pierre-Philippe-Jean Miron, écuyer, Sgr de Poisioux et du Coudray.

Jean-Charles Miron, écuyer, Sgr de Soulère.

Jean-Euverte Miron de la Motte, écuyer.

Pierre Miron des Bordes, écuyer.

Louis-Joseph de Mondran, chevalier, grand maître des Eaux et Forêt au département de Rouen.

Thomas-Tobie de Montaudouin, écuyer, capitaine de cavalerie au rég de Colonel général, Sgr châtelain de Cornay.

Charles-Philippe-Simon de Montboissier-Beaufort, baron, maréchal de camp, premier baron d'Angeau au Perche.

Jean-Christophe-Louis-Augustin de Monthion, marquis de Chambry maréchal de camp.

Isaac-Nicolas-Louis Montmerquer de Bazoncourt, écuyer, Sgr de Cuissy ancien capitaine au régt de la Couronne.

Anne-Christian de Montmorency-Luxembourg, comte de Luxembourg duc de Beaumont, marquis de Bréval, etc.

— Hélène-Henriette-Marie de Neufcarre, damoiselle.

Jean-René-Augustin de Neufcarre, chevalier, capitaine au corps royal
d'artillerie, chevalier de Saint-Louis, Sgr de Montvilliers.
François de Neveux, chevalier, Sgr du Plessis-Drouin.
Abel-Alexis-François, comte de Nossan, marquis de Pierrecourt.
Louis-François Nouel de Buzonnière, écuyer.
— Monseigneur Louis-Philippe-Joseph d'Orléans, duc d'Orléans,
premier prince du sang, pour son duché et apanage d'Orléans.
— Demoiselle Madeleine d'Orléans.
— Dame Euphrasie d'Orléans de Tracy, damoiselle, veuve de mes-
sire Louis de Clinchamp, chevalier.
Jacques-Guillaume, comte d'Orléans, chevalier.
Pierre, vicomte d'Orléans, chevalier, major des vaisseaux du Roi,
chevalier de Saint-Louis.
Anselme d'Outremont de la Minière, chevalier, conseiller au Parlement.
— Dame Marie-Anne-Victoire Ouvrard de la Bazilière, veuve de
messire Louis-Claude Tessier, écuyer, président au présidial de
Blois.
Christophe Pajot de Marcheval, chevalier, conseiller du Roi en son con-
seil d'Etat.
Jean-Siméon de Paris, écuyer, Sgr du Puits, Volsoy, Boucard.
Jean-Simon de Paris, écuyer, chevalier, Sgr du Puis.
Pierre-Charles Parseval, comte de Briou, lieutenant des Gardes du Roi.
Louis de Passac, chevalier, lieutenant des maréchaux de France à Or-
léans et Beaugency.
Michel de Passac, chevalier.
Léon-Hector Patas de Mesliers, écuyer, lieutenant criminel au Châtelet
d'Orléans, Sgr d'Alon et de Buissonoy.
Denis-Louis-Jacques-Joseph Pellerin, écuyer.
Marie-Barthélemy Pellerin de Livernière, écuyer.
Etienne-Claude Pellerin de la Grand-Maison, écuyer.
— Demoiselle Marie-Antoinette-Austreberte de Peris, damoiselle.
Joseph-François-Xavier de Pestre, comte de Senef, baron de la Ferté.
Clément-Nicolas-Léon Phelippes, comte de Faronville, chevalier, an-
cien capitaine au régt du Roi, chevalier de Saint-Louis.
Anne-Léon-Henri Phelippes, prêtre doyen de Saint-Marcel, conseiller de
grand'chambre au parlement de Paris.
— Dame Anne-Françoise-Adélaïde Picot de Combreux, damoiselle,
épouse séparée quant aux biens de messire Auguste Picot,
comte de Dampierre, chevalier, major en second des Chasseurs
de Normandie.
— Dame Émilie-Louise Picot de Dampierre, damoiselle, veuve de
messire René de Brizay, chevalier, comte de Brizay.
Claude-Anne-François Pillot, chevalier, comte de Trevières et du Port-
David, grand messager juré de l'Université de Paris.
Charles-César-Auguste de Pleurre, chevalier non profès de l'ordre de
Saint-Jean de Jérusalem, capitaine au régt de Colonel-général.
André-Hector Pochon de Beauregard, chevalier.
— Dame Madeleine Poitevin, damoiselle, veuve de messire Charles
Clairambault de Vandeuil, chevalier.
Etienne-Claude, marquis de Potterat, chevalier.

Louis-René Poulain, chevalier, Sgr de Brustel et des Cailloux, ancien capitaine au régt de Béarn.

François Poullard du Boille, écuyer, ancien chevau-léger de la Garde du Roi, Sgr du Boille, de Celle et de Champ.

Jacques-François de Prés, marquis de Fains, chevalier, Sgr de Charbonnières, commandant du bataillon de Royal-Roussillon, chevalier de Saint-Louis.

Augustin-François de Prouvansal, écuyer, Sgr d'Acoux et Javercy.

Jules-Etienne-Honoré, marquis de Prunelé, baron châtelain de Molitard, Sgr de Moléon, Girondeille, etc.

Augustin-Marie-Etienne, vicomte de Prunelé, chevalier, Sgr de Créneaux, capitaine au régt de Bourbon-dragons.

— Dame Marie-Louise-Françoise de Radin, damoiselle, veuve de messire Claude du Lac, chevalier, Sgr de Montizambert.

Edme-Lin-Clet de Rancourt de Villiers, écuyer.

Charles-Joseph Randon de Malboissière, écuyer, chef d'escadron de dragons, Sgr de Sully.

Charles-Pierre Robethon de Bethonvilliers, chevalier, Sgr de Bethonvilliers, etc., capitaine exempt des gardes suisses du comte d'Artois.

— Dame Louise-Charlotte Robillard, damoiselle, veuve de messire Jean-François-Jacques du Coudray, écuyer, ancien commandant pour le Roi au fort Tornelle, île de Minorque, chevalier de Saint-Louis.

Louis-Etienne-Jules-César, comte de Rochechouart, mestre de camp attaché au régt d'Armagnac-infanterie, chevalier de Saint-Louis.

— Augustin-Charles Rocheron, chevalier, et damoiselle Anne-Marie-Henriette Rocheron, enfants mineurs de messire Pierre Augustin Rocheron, chevalier, vicomte d'Amoy.

— Dame Jeanne-Marie-Anne Rocheron de Praville.

Alexandre-Jean de Rohard, chevalier, ancien cornette au régt d Mestre de camp-dragons, ancien mousquetaire de la Garde du Roi, officier au régt de Royal-Auvergne.

Barthelemy-Gabriel Rolland, comte de Chambaudouin, Sgr d'Erceville, Allainville, Charmont, etc., président au Parlement de Paris.

Laurent de Romand du Rivet, écuyer, capitaine de cavalerie, lieutenant de la maréchaussée d'Orléans.

Charles-François de Rosset, comte de Tourville.

— Charles-Antoine-Marie-Germain, marquis de Rostaing, chevalier de Saint-Louis et de Cincinnatus (Henri-Antoine-Just-Marie Germain, maréchal de camp).

Louis-François Rousseau, chevalier, comte de Chamoy, baron d'Author comte de Charbonnière, etc., major du régt Mestre de camp-cavalerie, chevalier de Saint-Louis.

Marie-Pierre-Nicolas Rousseau, écuyer, Sgr de Bel-Air.

Joseph Roussel d'Inval, chevalier, ancien lieutenant de cavalerie, ancien page de S. A. S. Madame la duchesse d'Orléans.

Jacques-Henri Sabrevas ou Sabrevois, chevalier, colonel au corps royal d'artillerie.

Armand-Léon de Sailly, chevalier.

— Etienne, comte de Saint-Martin, Sgr du Titre, etc., colonel
d'infanterie, lieutenant en premier des Gardes-Françaises.

— Demoiselle Catherine-Thérèse-Anne de Saint-Mesmin.

Ursin de Saint-Pol, major de cavalerie, chevalier de Saint Louis.

Louis-Jacques de Saint-Pol, chevalier, Sgr des grand et petit Reuilly.

Nicolas-François de Saint-Pol, chevalier, ancien capitaine au régt de
Poitou-infanterie.

Henri-Etienne de Salvert, chevalier, officier au régt de l'Ile-de-France.

Louis-Charles, comte de Sampigny, chevalier de Saint-Louis, Sgr de
Saint-Solin de Clesdon.

Armand-Louis, marquis de Sérent.

Isaac Seurrat, écuyer.

Jacques-Robert-Narcisse Seurrat, écuyer.

— Aglaé-Suzanne-Elisabeth Seurrat, damoiselle mineure.

Joseph-Robert Seurrat, écuyer, Sgr de Guilleville, Ormeville, Montgevin,
Montvilliers, etc., ancien maire de la ville d'Orléans.

Jacques-Isaac Seurrat, écuyer, Sgr des Grands-Vezelles, Meraville, Ville-
coulon, etc., conseiller au bailliage d'Orléans.

Louis-Joseph-Guillaume Sinson, écuyer.

Louis Sinson de la Houssaye, écuyer, trésorier de France à Rouen
depuis le 15 juillet 1762.

Pierre-Clément Sinson, écuyer, Sgr de la baronie d'Auneux.

Guillaume-Christophe-François-de-Sales Sinson;

Claude-René Sinson son frère, écuyer, pour leur fief indivis d'Herbelay,

Pierre-Jean-Alexandre de Tascher, chevalier, ancien capitaine commandant de dragons, chevalier de Saint-Louis.

Charles-François Tassin de Charsonville, chevalier, grand-maître des
eaux et forêts du département d'Orléans.

Pierre-Augustin Tassin de Moncourt, écuyer.

Guillaume-Alphonse Tassin de Villiers, écuyer.

Pierre-Aignan-Stanislas Tassin de Montaigu, chevalier, capitaine au
régt Colonel-général-cavalerie.

Louis-François-Régis Tassin de Beaumont, écuyer.

Prosper-Guillaume Tassin, écuyer, Sgr de Villepion, procureur du Roi
au bailliage et siége présidial d'Orléans.

Pierre-François Tassin, écuyer.

Joseph-Claude-Marie-Madeleine Duteil (du Theil), chevalier, Sgr de
Noriou et la Chenaye, ancien capitaine commandant au régt de
Chartres, infanterie, chevalier de Saint-Louis.

Joseph-Gaston-Jean-Baptiste, comte de Thiville, chevalier, Sgr de
Pré-le-Fort.

— Demoiselle Gastonne-Louise-Catherine de Thiville.

— Dame Marie-Anne de Tilly de Blaru, damoiselle, veuve de
messire Louis-Victor-Jacques de Pellerin de Saint-Loup, écuyer,
Sgr de Longuevaux.

Alexandre-François Tournay, écuyer, Sgr de Cossottes, conseiller en la
chambre des comptes de Paris.

Charles-Guillaume Tourtier, chevalier, Sgr de Gelou, lieutenant des
maréchaux de France au bailliage d'Orléans, chevalier de Saint-
Louis.

Antoine Tourtier de Villefavreux, chevalier.

Jean-Baptiste-Claude Tourtier, chevalier, Sgr du Portail Saint-Sigismond, ancien capitaine d'infanterie.

— Dame Françoise Tourtier, veuve de messire Henri-Gabriel Curault, écuyer, Sgr de Malmusse, lieutenant-général au châtelet d'Orléans.

Jean-François Tourtier d'Auzouer, chanoine de l'église d'Orléans.

Louis de Toustain, chevalier, Sgr de Baudrivilliers, ancien officier.

Jean de Toustain, chevalier, ancien capitaine de cavalerie, chevalier de Saint-Louis.

Nicolas-Marie de Tristan, chevalier, ancien lieutenant-colonel du régt de Boulonnais, chevalier de Saint-Louis.

— Demoiselle Marie-Françoise de Troyes, de Montizeaux.

— Dame Marie-Françoise de Troye, veuve de messire Jacques-François d'Orléans, chevalier, Sgr de Sair, etc., dame de Buglain.

Georges Vandebergue de Villebouré, écuyer.

Robert Vandebergue, écuyer, Sgr de Villiers.

Isaac Vandebergue, chevalier, lieutenant de cavalerie.

René-François de Vasconcelles, chevalier, Sgr de Pièce Pavillon, Tête-Noire.

Louis-François de Vasconcelles, chevalier, Sgr de la Houssaie, de Neuville, etc.

Louis-Gaspard de Vélard, chevalier, Sgr de Chaussy.

Claude-François de Vernezon, chevalier, Sgr des Forges, du Grand Ronzay, Guignedame, la Haute-Cour.

— Madame Marguerite-Françoise-Geneviève de Vhiou, dame de Barville, veuve de messire Simon-Claude, marquis des Grassins, ancien colonel du régt des Grassins.

— Demoiselles Charlotte et Marguerite de Viart, damoiselles.

Marie-Casimir de Vidal, chevalier, marquis, sous-lieutenant des Gardes du corps de Mgr le comte d'Artois, chevalier de Saint-Louis.

Michel-Louis de Vièvre, chevalier.

François-Léon de Vièvre, chevalier, ancien capitaine d'infanterie.

— Damoiselle Perrette-Marie Vigneau, veuve de messire Gaston-Joseph de l'Enfernat.

Hilaire-Auguste de Vigny, chevalier, chef de brigade au corps royal d'artillerie, chevalier de Saint-Louis.

— Dame Marie-Louise-Gabrielle de Villedieu, damoiselle, veuve de messire Pierre-Augustin Bigot, chevalier, vicomte de Morogues.

BAILLIAGE DU VENDOMOIS.

Procès-verbal de l'Assemblée générale des trois ordres, des baillages de Vendôme, Mondoubleau et Saint-Calais.

16 mars 1789.

(*Archiv. imp.*, B. III. 152, p. 93. 126-143.)

NOBLESSE.

Donatien-Marie-Joseph de Vimeur de Rochambeau, bailli d'épée du Vendomois.

Jacques-François de Trémault, chevalier, Sgr du Bouchet-Touteville (Morillon, Spoir, Saint-Aubin et Amilly), conseiller du Roi, lieutenant-général civil et de police au bailliage royal de Vendôme (maire perpétuel de la ville de Vendôme).

De Baudry, Sgr de Villejussin.

— Le comte de Beaumont (La Boninière), Sgr de fiefs à Ruillé.

De Bernardon, Sgr d'un fief à Saint-Firmin.

— Mlle de Bezay de la Motte, Sgresse d'un fief à Saint-Amand.

Bodineau de Meslay, Sgr du Plessis, défaillant.

Du Bouchet, à cause de ses fiefs à Azay.

De Brossard, à cause d'un fief à Saint-Ouin.

De Brunier, Sgr d'un fief à Saint-Firmin.

Du Chatellier père (Salmon), Sgr de fiefs à Savigny.

De Chéry de Bulté, à cause d'un fief à Saint-Firmin.

Chevalier, Sgr de Rodon.

De Courtamblay, Sgr de fiefs à Rimay.

— Mlle Desessarts, pour fiefs situés à Espéreuse.

— Le baron de Durcet, Sgr de fiefs à Poncé.

Le marquis Despieds (d'Espiés), Sgr de fiefs à Querhoent.

— Le comte d'Estaing, Sgr de fiefs à Couture.

De Frétay, Sgr de fiefs à Savigny.

— Mlle de Gallois de Bezay, dame de Frilaux.

De Ginestous, Sgr de fiefs à Chaslay.

Guyot de Mandat, Sgr d'un fief aux Pins.

Jabre Desbilles, Sgr de fiefs à Danzé.

— Madame de Joffre, dame d'un fief à Sarnière.

Jousselin de Fretté.

— Madame veuve de Jouglas, dame d'un fief à Chassay, défaillante.

De Jupeaux (Louis-Didier de Taillevis de Jupeaux, lieutenant de vaisseau, major d'infanterie).

— Le marquis de Kerhouent (Querhoent), à cause de ses fiefs de Querhoent.

De Kervazegan, pour un fief à Lunay.

— Mademoiselle de la Chataigneraye, à cause de ses fiefs de Danzé, etc.

— Madame veuve de la Mézière, dame de fiefs à Montoire et Lunay.

— Le comte de Landas de Louvigny, Sgr d'un fief à Selommes.

De la Porte, Sgr d'un fief à Meslay, etc.

De la Rochebousseau, Sgr de fiefs aux Artins.

De Lavoisier, Sgr d'un fief à Selommes, défaillant.

De la Voute de Jouffray, Sgr de fiefs à Troo.

Le Grand de Marizy, Sgr de Monthodon et Prunay.

Le Tessier de la Bersière, Sgr d'un fief à Marcilly.

— De Malherbes, Sgr d'un fief à Selommes.

De Marizy père.

— Ménard de Coméhard, Sgr de fiefs à Monthodon.

De Méry, Sgr d'un fief à Prunay.

— Monsieur, frère du Roi, à cause de son apanage.

De Montaigu, Sgr de fiefs à Querhoent.

Le vicomte de Montigny, Sgr d'un fief, paroisse des Hayes.

— De Morny, Sgr de Villemorain.

— Mademoiselle de Musset, à cause du fief de la Bonnaventure.

De Musset-Signac.

De Musset, l'aîné.

De Neveu, fils.

De Paris des Mussets, Sgr d'un fief à Sainte-Jame.

De Patay, Sgr de fiefs à Lunay, défaillant.

De Perignat, brigadier des armées du Roi, Sgr de Minières, etc.

— De Périgny (de Taillevis), à cause de sa terre de Périgny.

— Madame la marquise de Querhoent, dame de la Ribauchère.

— Le marquis de Quinemont, Sgr de fiefs à Saint-Martin-du-Bois.

De Réméon, Sgr de Saint-Firmin.

— De Rochambeau, chevalier des ordres du Roi, Sgr de Thoré, Villiers, etc.

De Rochambeau, bailli d'épée, Sgr de Villiers.

— Le comte de Saint-Chamand, Sgr de Villetun, etc.

— Le comte de Saint-Denis, Sgr d'un fief à Selommes.

— Le marquis de Saint-Denis, Sgr d'un fief à Faye.

Salmon de Courtamblay.

— De Sanlot, Sgr du Grand-Fontenailles, etc.

De Sarrazin.

De Sarrazin, Sgr de Bromplessé.

— De Savart.

— De Sérignac, Sgr de fiefs à Savigny.

De Trémault, lieutenant-général au bailliage, Sgr du Bouchet-Touteville, etc.

De Trémault la Blotinière, Sgr de Lunay,

Le chevalier de Trémault-Nonais, Sgr de Nonais.

De Vareilles, Sgr de Berthault, défaillant.

De Verthamon de Chatenay, Sgr d'un fief à Villerable.

De Verthamon, président, Sgr d'Amblay.

— Mademoiselle de Villegoublin, dame d'un fief à Épiais, défaillante.

De Villemarest (Catherinet).
De Villemarest, Sgr de Villeporcher.

BAILLIAGE SECONDAIRE DE MONDOUBLEAU.

— Le président Angran, Sgr d'Alleray et Saint-Agyle.
De Bagineux, Sgr de Courval, défaillant.
De Bultay père, Sgr des Chauvelières.
De Buttay (Bulté), Sgr de Nonans, défaillant.
De Chabot, Sgr de fief près Mondoubleau.
Du Chatellier père et fils.
De Chennevières, Sgr de Glatigny, défaillant.
— Le comte de Courtarvel, Sgr de Baillou, etc.
Daverges de Coulanges, Sgr de Coulanges, défaillant.
Girodeau de Lanoue.
D'Illiers (Louis Mirleau de Neuville d'Illiers des Radrets).
De la Chaigneraye (Chataigneraye), Sgr de Vieilles-Métairies.
De la Genardière, Sgr de la Chapelle-Saint-Remy, défaillant.
— Le Gras, marquis du Luard, Sgr du Luard.
Le Tourtier de Bellande, Sgr de la Fredonnière.
— Le Villain de la Tabaize, Sgr de la Tabaize.
— Mangin de Montmirail, Sgr de Chalopain.
De Montmarin, Sgr de Montmarin.
De Morny, secrétaire du roi, Sgr de Chaudelautre, défaillant.
De Rouvray, Sgr du Petit Gratteloup.
— Madame veuve de Saint-Hery des Radrets (Anne Racine, fille
aînée de Louis Racine, veuve de Louis-Grégoire Mirleau de
Neuville de Saint-Héry, Sgr des Radrets et d'Illiers).
Le comte de Sion, Sgr de Saint-Aignan, défaillant.
De Sion, Sgr de Saint-Aignan, défaillant.
— Madame et MM. les héritiers du chevalier de Trémault, Sgr de
la Sauverie les Motteux.
De Vautourneux.

BAILLIAGE SECONDAIRE DE SAINT-CALAIS.

— Madame de Beaujeu, dame de Semur.
— Blot, pour son fief de la Beaslerie.
— De Bonneval, Sgr de Larson.
De Bonvoust.
— Madame veuve de Cosne, dame de Saint-Marc.
Les héritiers du marquis de Courtanvaux, défaillants.
Les héritiers du marquis Deshayes, Sgr de la Bourginière, défaillants,
De Fontenay fils.
Le marquis d'Hauteville, Sgr de Courgas, défaillant.
De la Bersière.
— De la Faze, Sgr des Loges.
Le Ferron, Sgr de la Herrerie, défaillant.

Le chevalier de Marescot.
— De Marville, mari de demoiselle Massue.
— Mademoiselle de Mondragon, dame de Boulvere et Maisoncelle.
De Musset l'aîné, Sgr de Saint-Osmaire.
— De Roquemore, Sgr des Poiriers.
— Demoiselle de Trémault, et Charles de Trémault, Sgrs de Burnaye.
— De Vanssay, Sgr de la Barre.
— Madame de Vaugirault, dame de Monlogis.

Gentilshommes non possédant fiefs :

De Gallery.
Le chevalier de Bouvoust.
Denis de Thierenville.
Deneveu fils (de Neveu).
De Brunier fils.
De Trémault Bellatour (Charles–Joseph, mousquetaire noir, ancien lieutenant des maréchaux de France).
De Fontenay fils.
Du Chatellier fils.
De Marescot l'aîné.
De Forqueville de Mercy.

Le chevalier de Marescot.
De Bonvoust l'aîné.
Girodeau de la Noue.
Devaux.
De Musset Signac.
Guérin.
Le Jai de Bellefond.
De Taillevis de Jupeaux.
De Bideran.
Daudiffret de Kozandal, *alias* de Rosendat.
De Bideran.

LISTE DES DÉPUTÉS DES TROIS ORDRES

AUX ÉTATS-GÉNÉRAUX DE 1789.

—

BAILLIAGE DE BLOIS.

Chabot, curé de la Chaussée Saint-Victor.
De la Rochenégly, prieur de Saint-Honoré de Blois.

Alexandre-François-Marie, vicomte de Beauharnois, major en second du régt de la Fère-Infanterie.
Louis-Jean de Phélines, capitaine au corps royal du Génie.
Antoine-Laurent de Lavoisier, écuyer, membre de l'Académie des Sciences, suppléant.

Druillon, lieutenant-général du bailliage et présidial.
Turpin, lieutenant criminel audit siége.
Jean-Michel-Marguerite de la Forge, avocat à Chateaudun.
Dinocheau, avocat à Blois.

BAILLIAGE DE CHARTRES.

L'Évêque de Chartres (Jean-Baptiste-Joseph de Lubersac).
Jumentier, curé de Saint-Hilaire, suppléant.

Le baron de Montboissier.
Talon, conseiller au Parlement, suppléant.

Pétion de Villeneuve, avocat.
Bouvet, négociant et juge-consul.
Horeau, avocat suppléant.
Le Tellier, avocat suppléant.

BAILLIAGE DE DOURDAN.

L'abbé Millet (Noël-Charles), curé de Saint-Pierre de Dourdan.
L'abbé Béchamp (François), official de Dourdan, grand-vicaire de
Chartres, suppléant.

Le baron de Gauville (Louis-Henri-Charles).
Le prince de Revel (Broglie), colonel d'infanterie à la suite du régt de
la Couronne, suppléant.

Charles-François Le Brun de Grillon, écuyer.
Louis-Réné Buffy, notaire royal à Dourdan.

BAILLIAGE DE GIEN.

Vallet, curé de Saint-Louis.

De Rancourt de Villiers.

Bazin, avocat.
Janson.
Thomas de Gérissay, avocat, suppléant.

BAILLIAGE DE MONTARGIS.

Girard, doyen, curé de Lorris.

Le Vassor, comte de la Touche, chancelier de monseigneur le duc d'Orléans.
De Champignelles, ancien lieutenant des Gardes du Corps du Roi, suppléant.

Gillet de la Jacqueminière, procureur-syndic du département de Joi-
gny.
Le Boys des Guays, lieutenant particulier du bailliage et présidial de
Montargis.
Bazile, maire de la ville de Joigny, suppléant.
Raige, notaire royal à Montargis, suppléant.

BAILLIAGE D'ORLÉANS.

Liphard-Daniel Blandin, curé de Saint-Pierre le Puellier.
Marc-Antoine Moutié, grand chantre et chanoine d'Orléans.
Armand-Anne-Auguste-Antoine de Chapt de Rastignac, abbé de Saint-Mesmin.
L'abbé de Césarges, maître de l'Oratoire, suppléant.
Rouy, curé d'Aulnay-la-Rivière, suppléant.

Claude-Antoine, marquis d'Avaray.
Jacques-Isaac Seurrat de la Boullaye, conseiller au Châtelet d'Orléans.
De Barville, officier aux gardes.
Dupont de Veillenes, suppléant.
Du Faur de Pibrac, suppléant.
Le président Rolland, suppléant.

Guillaume-Anne Salomon de la Saugerie, avocat.
Louis-Jean Pelerin de la Buxière, ancién médecin du Roi.
Le Fort, négociant.
Jean-Louis-Henri de Longuève, premier avocat du Roi au Châtelet d'Orléans.
Jean-Pierre-Guillaume Delahaye-Delaunay.
François-Simon de Fay-Boutron.
Amy Miron, lieutenant-général de police à Orléans, suppléant.
De Meule, maître particulier des eaux et forêts, suppléant.
Jolly, avocat en parlement, suppléant.
Robert de Massy, professeur en droit français à Orléans, suppléant.

BAILLIAGE DE VENDOME.

Bodineau, curé de Saint-Bienheuré, de Vendôme.

Le comte de Sarrazin.

Pothée, échevin de Montoire.
Crenière, négociant à Vendôme.

GOUVERNEMENT MILITAIRE

ORLÉANAIS.

Le comte de Rochechouart, gouverneur général.
Le baron de Besenval, commandant en chef.
Le comte de Bercheny, commandant en second.

Lieutenants-généraux :

De Brissay, comte d'Enonville ou de Denonville.
De Brissay, son fils, en survivance.
Le comte de Dufort, *aliàs* Durfort.
Le marquis d'Avaray.

Lieutenants de Roi :

Le comte de Quincy.
Phelippeau.

Le comte d'Herbault.
Le marquis de Sourdis.

Lieutenants des maréchaux de France :

Le Tourtier de Gelou, chevalier de Saint-Louis, à Orléans.
Le chevalier d'Orléans de Rete, à Orléans.
Cahouët de Marolles, à Orléans.
Cahouët de Neufvy, chevalier de Saint-Louis, à Dourdan.
Le marquis de Laage, à Blois.
De Rémeon, à Blois.
De Sailly, à Chartres.
Le marquis de Rouvray, à Châteaudun.
Le chevalier de la Boissière, chevalier de Saint-Louis, à Montargis.
Le chevalier de Passac, à Orléans et Beaugency.
De Courcelles, à Gien.
De Poterat, à Gien.
De l'Épinasse, à Cosne-sur-Loire.
De Bullioud, chevalier de Saint-Louis, à Vendôme.
Le baron de Sauveterre, à Romorantin.
Le comte des Essarts, chevalier de Saint-Louis, à Pithiviers.

———

BAILLIAGE ET PRÉSIDIAL DE BLOIS.

Louet, président.
Pierre Druillon, lieutenant-général.
Turpin, lieutenant civil et criminel.
Gueret de Seur, lieutenant particulier.
De l'Écluse de l'Arche, assesseur civil et criminel.

Bachot Delebat,
Fleury,
Le Blanc,

Mahy du Breuil,
Girault.

Gens du Roi :

Fourré, *aliàs* Fourret, avocat du Roi.
Étienne-Julien-François Duchêne, procureur du Roi.

BAILLIAGE ET PRÉSIDIAL DE CHARTRES.

Le vicomte de la Rochefoucauld, grand bailli.
Sochon du Brosseron, président.
Louis-Jean-Baptiste Asselin, lieutenant-général.
Nicole, lieutenant-général, vétéran.
Dattin, lieutenant criminel.
Lécureau, lieutenant criminel, vétéran.
Jean-François-Jacques Parent, lieutenant particulier civil.
Jean-Claude Bouvart fils, lieutenant particulier, assesseur criminel.
Bouvart père, lieutenant particulier, assesseur criminel, vétéran.
De Paris, chevalier d'honneur.
De Boissimène, conseiller d'honneur et d'épée.

Rouchard.	Vallet l'aîné.
Boileau.	Vallet le jeune.
Du Temple de Rougemont.	Vallet de Lubriat.
Jolly des Hayes.	Dumoutier de Dond.
Coubré.	G.-N. Foreau.

Trois charges de conseiller étaient vacantes.

Gens du Roi :

Charles-Philippe du Temple, avocat du Roi.
Drapier, avocat du Roi.
Pierre-Marin Clavier, greffier en chef.

BAILLIAGE ET PRÉSIDIAL DE MONTARGIS.

Le Vassor, comte de la Touche, grand bailli.
Charroyer, premier président.
Henri-Placide Meslier, lieutenant-général civil, criminel et de police.
Le Boys des Guays, lieutenant particulier.

Payneau, doyen.	Chesnoy.
Ozon, honoraire.	Brucy.
Mesange.	Cœur, honoraire.
Cœur fils.	

Gens du Roi :

Roulx Duchesnoy, avocat du Roi.
Étienne Aubépin, procureur du Roi.
Gaillard Desaules, avocat du Roi.
Souchet, avocat du Roi honoraire.
Jean-Marie Billault, greffier en chef.

CHATELET D'ORLÉANS.

Le marquis d'Avaray, grand bailli.
Curault, lieutenant-général.
Miron, lieutenant-général de police.
Patas de Mesliers, lieutenant criminel.
De Loynes d'Autroche, chevalier d'honneur.
L'Huillier des Bordes, conseiller d'honneur et d'épée.
Chevalier, conseiller d'honneur et d'épée.

Turtin, doyen.
De la Fond de Luz.
Paris de Brouville.
Seurrat de la Boullaye.
De la Gueulle de Coinces.
Leclerc de Douy.
Crignon de Bonvallet.

De Lange.
Petau.
Capitant.
L'Huillier des Bordes fils.
Loiré.
De Malleveaud de Puyreneault.

Gens du Roi :

Roger, avocat du Roi.
Tassin de Villepion, procureur du Roi.
Henry, avocat du Roi.
Rozier, greffier en chef.

GÉNÉRALITÉ D'ORLÉANS.

PAYS D'ÉLECTION.

1784. De Cypierre baron de Chevilly, maître des requêtes, intendant.

BUREAU DES FINANCES.

1784. Delatour, premier président.
1781. Fleureau d'Alou, président.
1747. Haudry, deuxième président, honoraire.
1780. De Montbruny (Alix), chevalier d'honneur.

Conseillers, Trésoriers de France :

Patas du Bourgneuf.
Levassor Dubouchet.
Saintonge.
Sinson d'Auneux.

Stample.
Bezanson, chevalier de Saint-
Louis.
Landré, syndic.

Gravet d'Huisseau.

Garnier Dubreuil.

Papillon.

Lamé du Perron.

Grostête des Prateaux.

Baguenault de Villebourgeon.

Bailly de Montaran.

D'Argens.

Pougin de la Maisonneuve.

Boucher de Mezières.

Jacque de Mainville.

D'Aligre.

Laurent.

Pasquier de Lumeau.

Tribout.

Deshais d'Alosse.

Bachevilliers du Cormier.

Brossard.

De Buzonnière, honoraire.

Mercier de Solvin, honoraire.

Laurent de Villantroys, honoraire.

De Goislons, honoraire.

De Villamblain, chevalier d'honneur, honoraire.

Gens du Roi :

Capitant, avocat du Roi.

Regnard, procureur du Roi.

Labbé Guinebaud, avocat du Roi.

Pierre Bretonneau, procureur du Roi, honoraire.

Rossard de Chatenay, avocat du Roi.

Masson du Monceau, procureur du Roi.

Porcheron, greffier en chef.

(Calendrier historique de l'Orléanais, 1788. In-12. — Bibl. imp. Lc. 29, 7?

www.ingramcontent.com/pod-product-compliance
Lightning Source LLC
Chambersburg PA
CBHW072022290326
41934CB00009BA/2159